至善·先锋

2017 东南大学优秀学生风采录

郑家茂 主审　孙莉玲 主编

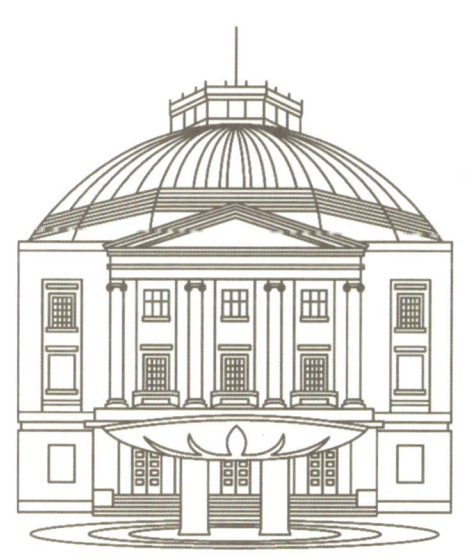

·南京·

图书在版编目（CIP）数据

至善·先锋：2017东南大学优秀学生风采录 / 孙莉玲主编.
—南京：东南大学出版社，2017.12
　ISBN 978-7-5641-7534-4

Ⅰ.①至⋯　Ⅱ.①孙⋯　Ⅲ.①东南大学－模范学生－先进事迹　Ⅳ.①K828.4

中国版本图书馆CIP数据核字（2017）第308479号

至善·先锋：2017东南大学优秀学生风采录

出版发行	东南大学出版社
出 版 人	江建中
社　　址	南京市四牌楼2号（邮编210096）
印　　刷	江苏凤凰数码印务有限公司
经　　销	全国各地新华书店
开　　本	787mm×980mm　1/16
印　　张	18.75
彩　　插	2面
字　　数	240千字
版印次	2017年12月第1版　2017年12月第1次印刷
书　　号	ISBN 978-7-5641-7534-4
定　　价	48.00元

* 本社图书若有印装质量问题，请直接与营销部联系，电话：025-83791830。

中国脊梁
东南担当

中国工程院院士
东南大学校长 张广军

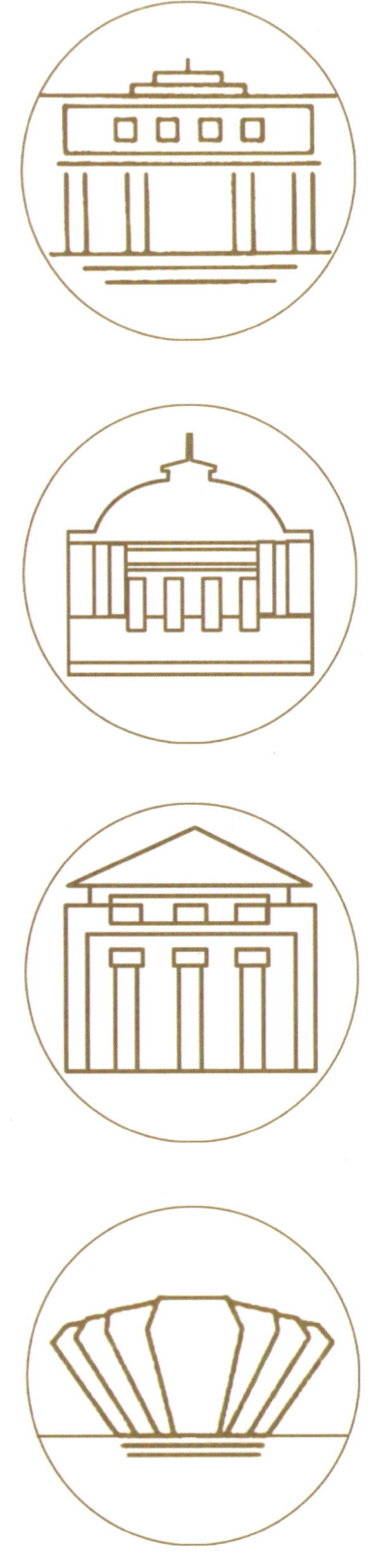

至善东南人　润物细无声

榜样的力量是无穷的,它代表着方向,凝聚着力量。朋辈示范具有潜移默化、由点及面、竞相仿效、见贤思齐之功效。榜样引领青春,非常必要而且十分重要。

东南大学有着优良的办学传统和丰富的榜样资源,注重培养广大青年学子远大的志向、健全的人格、健康的体魄、宽阔的国际视野和优秀的创新创业实践能力,引导学生立志成为报效国家、引领社会、造福人类的栋梁和领军人才。他们在学习、科研、实践、创新以及社会服务的诸多领域中做出了杰出的成绩,涌现出一大批优秀的代表。他们的事迹充满着正能量,具有可贵的借鉴价值,如何伟梁同学不仅成绩优秀,更是心怀理想、胸怀社会;董林滔同学不仅善于思考,更是专心科研,敢为人先;左恺仙同学不仅果敢坚毅,更是知恩怀德、热心公益……

我们将这些事迹选编出来,旨在更好地发挥引领示范作用,达成"至善东南人,润物细无声"之功效。

我坚信东南大学一定会源源不断地涌现出更多的优秀的领军人才,他们必将成为中国脊梁,东南担当。我也衷心希望有越来越多的优秀东南学子的事迹加入此书,使之成为一轴群星璀璨的历史画卷。

郑家茂

2017 年 12 月

《至善·先锋》编委会名单

主　审：郑家茂

主　编：孙莉玲

副主编：徐　进　何　熠

编　委：江莉莉　杨玲玲　张　思　施　杰　邹　琳
　　　　周　宇　付　林　李　鑫　吉　鑫

第一篇　中国脊梁　我辈担当

- 何伟梁　臻　善　/04
- 肖君彦　不忘初心,方得始终　/10
- 李新新　心心之意,永不停息　/16
- 郑　添　高山仰止　景行行止　/21
- 韩　策　永远年轻,永远热泪盈眶　/27
- 金洁珺　在追梦路上奋进的蜗牛　/33
- 孙　青　以梦为马,不负韶华　/39
- 刘常浩　感恩·助人　/45
- 孙师伟　花谢花开　/51
- 陈　芬　自强不息,厚德载物　/57
- 徐婉琳　梦在心中,路在脚下　/63
- 阳怡羽　雪绒花　/69
- 周苗苗　有一种奋斗叫自强不息　/75

第二篇　学在东南　志在四方

- 董林滔　德才兼备,全面发展　/84
- 谷奕旸　路有微音兰草香　/91
- 黄梦宇　Do you ever shine?　/98

Contents

- 李佳辰　脚踏实地 志存高远　/105
- 陈柳宏　翻山越岭的行者　/110
- 刘汝坚　即使渺小，也要演绎无限精彩　/116
- 刘倩雯　尝试，一个美好的开始　/122
- 秦　鑫　做最好的自己　/128
- 完晓妍　平衡人生的天平　/134
- 李佳琳　懂得寒梅通彻骨　梅花香自苦寒来　/139
- 柳雨豪　念念不忘，必有回响——尝试与拼搏精神的传承　/145
- 江　苏　赤心不灭，以梦为马　/151
- 练　强　不安现状，向前奔跑　/155
- 杨晓蕾　致我在九龙湖畔的三年　/161
- 张嘉智　不忘初心，止于至善　/167
- 钟　凯　在这梦开始的地方　与你我同行　/173
- 陈子聿　放飞梦想，砥砺奋进　/179
- 翟蕊晗　我向你而来，从河流到海　/185
- 赵　昕　路在脚下　梦在远方　/190
- 房　地　挑战，拼搏——充实精彩的大学生活　/195
- 洪　韬　写故事的人　/200
- 许利通　不忘初心　砥砺前行　/206
- 王　菁　大道无垠　行者无疆　/212

Contents

第三篇 青春奋斗 荣耀起航

- 左恺仙　如果不曾遇见你 /220
- 刘　新　花开两岸 /225
- 林　凯　奔跑不止 /230
- 肖子璇　文以载道,止于至善 /236
- 缪居正　读书有味,忙且从容——行者缪记 /242
- 廖晓菲　一路奔跑成就青春 /249
- 徐　慧　忠于兴趣,追逐梦想 /254
- 王佩瑶　青年责任,踏实履之 /260
- 陈家媛　忆模拟法庭辩论赛 /265
- 窦唯靖　勇攀凌绝顶　览众山小 /270
- 史　科　恰同学少年　风华正茂 /276
- 钟宁桐　坚持这件小事 /283
- 孙　铭　山 /288

2017 / 东 / 南 / 大 / 学 / 优 / 秀 / 学 / 生 / 风 / 采 / 录

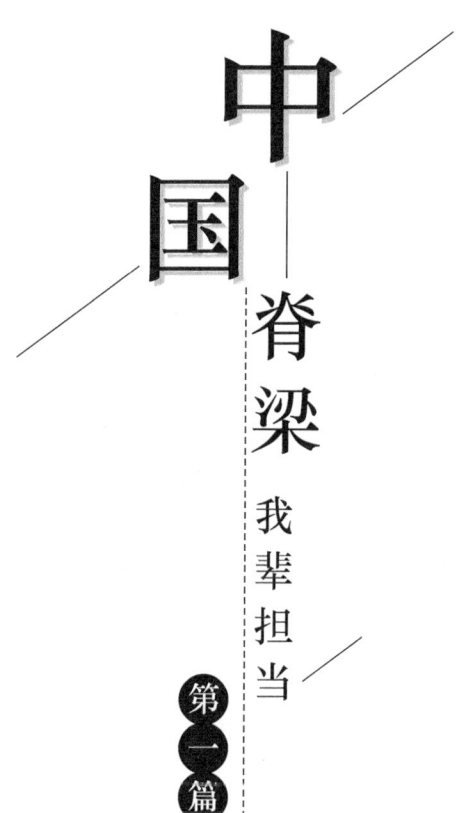

中国脊梁 我辈担当

第一篇

何伟梁
HE Weiliang

■ **个人简介**

男，汉族，1995年10月出生，共青团员。东南大学信息科学与工程学院信息工程专业2014级本科生。曾获国家奖学金、正保教育奖学金一等奖；2015年全国大学生数学建模竞赛一等奖，2016年美国大学生数学建模竞赛（MCM，简称"美赛"）二等奖，2017年全国大学生电子设计竞赛一等奖；发表论文4篇（第二、三作者）。

臻 善

信息科学与工程学院　何伟梁

我是何伟梁，一名来自东南大学信息科学与工程学院信息工程专业的2014级本科生。众所周知，东南大学的校训是"止于至善"，它一直激励着我，鞭策着我，使我努力成为更好的自己。而我也用大学四年的学习与生活践行校训的内涵。

■ 臻善于学

勤学乐学是臻善之途的基础。学习是学生的第一要务。课程学习是一个辛苦的过程，但是获得知识的成就感却能给人莫大的喜悦。我在享受学习的过程，也在不断完善和充实自己。大学阶段我一直保持学习成绩名列前茅，大一、大二和大三各学年均保持首修课程平均分年级排名第二，三年所有的首修课程的总平均绩点为4.411，首修课程总平均分93.66，位列年级第一。取得这样的学科成绩，确实不易，常言道，"世上无难事，只怕有心人"，这些成绩与我勤学乐学的学习态度是分不开的。学院开展的以学生和任课老师研讨为授课形式，以课堂研讨和课程报告为考核形式的研讨课是我最喜爱的课程。我在各种研讨课中不但接触到信息技术的最新进展，而且还加深了对于专业课的理解。最让我印象深刻的是大三下学期修学的《下一代无线通信中的天线与微波器件》课程。上课之前，我对电磁场知识还停留在公式上,但在课堂上老师以天线为载体具体阐述了电磁场技术的实际应用,同时引入了空间信号处理的概念和基本方法,一下子激发了我浓厚的兴趣。在课程报告选题中,我选择了基于 FIR 滤波器设计方法的阵列波束赋形,将传统数字信号处理中 FIR 滤波器设计方法迁移到阵列波束赋形领域,并在可变矩形窗的阵列波束赋形中得到应用。之后与老师合作完成了相关论文的撰写,并有幸被国际会议 APMC 录用。在这门研讨课的学习过程中,我完全没有料想到会有如此丰硕的成果,对我而言,能够找到一个切入点,并进行深入学习,通过积累知识来完善自我才是最大的收获。

■ 臻善于练

竞赛历练是臻善之途别样的风景。在大学阶段,学习之余,我积极参与各级各类学科竞赛。学科竞赛和课程学习是相辅相成的,也是一个风格独特的学习过程。学科竞赛不仅给了我运用课程学习所获得的知识的平台,还给了我学习更多方法的机会。大学阶段,我有幸参与了两项全国大学生数学建模竞赛和全国大学生电子设计竞赛,均获得国家一等奖的好成绩。而两项全国竞赛的经历让我学到了许多解决问题的方法,也给了我大学生活中的独特记忆。我参加全国大学生数学建模竞赛时,正值大二刚刚开始,那时我才刚刚完成高等数学和几何与代数的学习,尽管取得了不错的成绩,但对于数学建模而言,储备的知识是远远不足的。概率论和最优化对于我而言是陌生的概念。面临竞赛,我只能竭尽全力查阅有关文献和往年论文,自学概率论和最优化方法。自学的过程充满着坎坷,经常需要反复学习,好在我的队友也陪伴着我一起攻坚。在开赛之前的一周,我和队友常常会学习到深夜,教室关门了,只能在银行 24 小时自助营业厅中学习与讨论。那段时间尽管条件很艰苦,但我和队友都没有放弃。在大赛过程中,我们也遇到重重困难,推进缓慢,直到最后一晚还有三分之一的题目要求没有完成。

于是在最后一晚，我们三人各司其职，自主学习和应用了线性相机模型，并成功解决了最后的题目要求。功夫不负有心人，我们小组以非数学专业大二新生的身份获得了国家一等奖。数学建模竞赛给我带来的不仅仅是荣誉，更多的是自主学习的能力。在数学建模过程中学到的概率论、最优化方法和线性相机模型内容给我之后的课程学习带来了很大便利。我参加全国大学生电子设计竞赛是在刚刚过去的大三暑期。此时，我各项专业课的学习已经基本完成，但进入竞赛培训过程时，才发现知识积累相差太远，才发现理论与实际的距离——理论上易于实现的方案在实际实施过程中会遇到各种问题。那些日子，我和队友反复修改着作品的方案，力求得到更好的作品性能。等到正式开赛，我们又遇到了可见光定位的新问题。由于缺乏可提供的参考方案，许多时候需要自己摸索，所以工作负荷急剧增加，在竞赛期间，我们小组除了吃饭的时间，几乎驻扎在实验室里，不断探索着提升作品性能的可能。在四天三夜的比赛进程中，我们小组的总休息时间不到 15 个小时。尽管身体很疲惫，但我们始终没有放弃完善作品的努力。最终在比赛时间结束之前，最大限度地实现了题目要求的作品。我们小组有幸成为江苏省唯一选题为可见光定位系统的国家一等奖获奖队。电子设计竞赛告诉我，在理论学习的同时不能忽视实践学习，必须让理论与实践相结合，才能更好地提升自己的能力。学科竞赛在我眼中固然可以带来荣誉和成就感，但更重要的是可以作为课程学习的重要补充和拓展，也为进一步提升自己能力的我提供了绝佳的机遇。

■ 臻善于研

作为一个止于至善的优秀大学生，不能止步于课程的学习和竞赛的历练，还要能够尽早接触和体验科研给自我完善带来的更澎湃的动力和更广阔的空间。在学院老师的鼓励与支持下，我有幸在大二上学期加入了黄风义教授的电路课题组，从事新型半导体工艺器件等效电路建模的科研工作，并在此基础上参与了基于教师科研创新项目和国家大学生创新项目。科学研究是课程学习的升华，它要求将课程学习的知识融会贯通，结合已有的成果，提出自己的方案，并给出验证。经过一年在实验室的学习与研究，我们项目组在半导体工艺器件等效电路建模方面取得了一些成果。在大三上学期，我们尝试对等效电路建模的领域进行拓展，在黄教授的启发下，结合与微波方面的老师所作的交流，最后确定天线电路模型方面的研究方向，并以此作为国家大学生创新项目。但是之后的研究过程并非一帆风顺，天线的特殊性导致半导体工艺器件等效电路建模所使用的方法并不完全适用于天线电路模型，而且天线电路模型的可行性和实用价值都需要进一步的论证。在此严峻的形势下，我们项目组辗转奔波于四牌楼校区和无线谷之间，对多种天线样本进行测试，并对其测试数据进行处理，建立电路模型，编写参数提取算法。项目组成员组建了讨论组，进行方法交流和方案讨论，许多时候激烈的讨论会持续到深夜。项目组内部多次修改方案，反复仿真验证，同时征求各方面有关老师的意见，积极向课题组方面求助，并以小组例会的形式不断对项目的研究路线进行改进完善。大学阶段的科研经历虽然比较简单，但为我之后研究生阶段的科研工作提供了经验，同时也使得我在臻善的道路上又踏出了坚实的一步。如果课程学习是自我完善的量变，那么合适的科研经历就是自我完善的质变。

　　臻善不止在学校，更要涉足社会，肩负国家。完善自我不仅要积累知识，更需要增长见识。社会中的许多人身上都有值得我们学习的品质，而这些品质正是追求至善过程中不可缺少的。做学问先要做人，而做人的道理需要向榜样学习。老年人是当今社会中的重要群体，而他们的人生阅历和人格修养是当代年轻人的宝贵财富。在此背景下，大二暑假，我主持并参与了以"爱老敬老学老"为主题的社会实践活动。在活动中，我有幸采访了两位老党员。两位老党员虽年逾七十，但仍然投身社区工作和社会公益。在与老党员的深入交流中，老党员对许多新鲜事物都有浓厚的兴趣，他们坚持活到老学到老的品质坚定了我不断完善自己的决心。老党员对为人民服务的无线热情和对当代青年人的殷切期待激励了我为社会、为国家作出新的贡献。大学的确是我完善自己的重要平台，但只有融入社会、投身实践、报效国家，才能实现自我真正的提升。

　　国家奖学金的奖励既是对大三学年乃至大学三年所获成绩的肯定和回顾，也是之后大学以及研究生学习生活的鞭策和鼓励。它推动我继续向前进发，不断实现新的突破。大学之道，在明明德，在亲民，在止于至善。学习没有止境，臻善之途没有终点。我将用一生去践行"止于至善"的校训，不断提升自我，为国家的发展作出贡献。

 顾青瑶

师长点评

何伟梁同学思想道德端正，积极要求上进，成绩名列前茅，专业基础扎实，曾参与各级各类学科竞赛并取得优异成绩，科研经历丰富，思维活跃，有很好的创新潜力。希望充分发挥能力，投入科研，为国家的科技发展多做贡献。

信息科学与工程学院教授　黄永明

肖君彦 XIAO Junyan

■ **个人简介**

男,汉族,1997年1月出生,共青团员,计算机科学与工程学院、软件学院软件工程专业2015级学生。曾获国家奖学金；2017高教社杯全国大学生数学建模竞赛全国一等奖、东南大学第11届数学建模竞赛二等奖、东南大学第14届Robocup机器人校赛优胜奖；东南大学"三好学生"、2017年东南大学暑期社会实践活动"优秀个人"等荣誉称号。

不忘初心，方得始终

计算机科学与工程学院、软件学院　肖君彦

在过去的两年大学时光里，多种多样的人生选择就铺陈在我的面前，令人眼花缭乱，一时竟有些无所适从。我曾数次落入余华所描述的"和现实的紧张关系"之中。我沉湎于想象之中，又被现实紧紧控制，我明确感受着自我的分裂，却无法使自己变得纯粹，想单纯地沉浸在课内学业里，却又身处错综复杂的人际关系之中；想一头埋入科研之中，却又不舍业界的繁华；想过富有诗意的生活，却又被现实中琐碎的事情填满脑袋。

在纷繁复杂的种种选择中做出决定绝非易事。每一次的选择，也许让我们丧失一些机会，但同时也带来了新的机遇。存在主义哲学家萨特曾说："人的自由是一种诅咒，这种自由使我们注定一生中要不断地做选择。世上没有我们必须遵守的永恒价值或规范，这使得我们的选择更加有意义，因为我们要为自己所做的事负全责。"

■ 彷　徨

就天气而言，2017 的初夏并不是最热的，不时还有一阵骤雨带来些许清凉，更不用说蹲守在空调房中，一阵阵凉风扫去炎热的空气。但是，不能在家里享受暑假的快乐，而选择留在学校里参加数学建模培训，让这一切清凉都显得杯水车薪。2017 的仲夏酷热难熬，每一次题目布置下来，我都绞尽脑汁；

每一次论文思路辩论，我都讲到口干舌燥；每一个深夜因进度缓慢而无法轻易入眠，让我在这个夏天焦躁难耐。好不容易熬完了留校培训的两周时间，却得知回家之后还有四个培训题的任务等待着我们去完成，每一个培训题都选自往年的国赛（全国大学生数学建模竞赛）或美赛（美国大学生数学建模竞赛）真题，难度可想而知！再加上完成地点是在各自的家中，和队友之间只能通过QQ进行交流，无论是效率还是流畅度上大打折扣。因此，这四道题目便如拦路虎一般，挡在了我的面前。

可是不论我多么焦躁，不论题目多难，不论团队沟通有多不方便，总有一种坚持，让我咬牙挺住。QQ上放假了的初、高中同学对我发出了出去玩的盛情邀请，朋友圈里也满是各种奇石怪崖、碧海蓝天、灯红酒绿的图片，不由得让我很是心痒！虽然我拒绝了邀请，关掉了微信，默默蹲在家里日以继夜地敲代码，查找参考文献，可心里总有一些矛盾。

记得有一个培训题是有关坐标轴转换的相关题目，我花费了一沓草稿纸，耗费了整整两天两夜，从高中所学的数学知识出发，经过数次的反复修改，推演出了坐标轴转换方程。但代入题目中的具体情境，却发现由于方程的参数过于复杂，对于参数值的微小变化十分敏感，导致数学软件无法求解方程。这意味着，我两天的辛苦成果如泡沫一般消散在煞白的屏幕之前。而这时，我听说有的组将培训题对应的往年参赛论文稍作个别语句上的修改后直接复制粘贴，一样完成了任务，我的内心又矛盾了起来。

选择"战略性借鉴"往年的参赛论文，就可以尽情地享受暑假难得的闲暇生活；选择自力更生，不断地尝试和失败，有可能在屡次失败中寻找到成功的那一线曙光。望着窗外深夜的街巷里忽明忽暗的街灯，看着街灯下稀稀疏疏的车辆飞驰而过，我心里的矛盾在黑夜里越放越大。

■ 领 悟

在我努力完成数学建模培训题的同时，我们的暑假社会实践项目也开始了。社会实践的主题是探访世界非物质文化遗产雕版印刷术的传承单位——金陵刻经处，其中有一个环节是采访非物质文化遗产的传承人。在刻经处的大力支持下，我们获得了和非遗传承人面对面座谈的宝贵机会。

这位非遗传承人并不年长，出人意料的是他的年龄竟然和我们相仿。金陵刻经处的外面是川流不息的马路、繁华喧闹的街市，不远处是人声鼎沸的新街口，路上来来往往的都是西装革履的职场白领，抑或精致时尚的都市丽人。非遗传承人年纪尚不满三十，在这样繁华的城市中心，竟能耐得住内心的青春躁动，坚守在安静却显得有些寂寞的环境里，一刀一刀地镌刻，每一笔都细致入微、追求完美，这不免让我十分困惑。传承人好像看穿了我的困惑，他对我说："做这一行的人，对中华传统手工艺的热爱，是埋在心里、潜在血液中的。尽管金陵刻经处给我们的物质条件和待遇是很有限的，但在我们的心中，这里就相当于我们的圣地。如果你在刻的时候，还想着金钱，是不可能精进技术，做出好的作品的。这里带给我精神上的满足是远远超过了物质收入的。"

听完这一席话，我突然领悟到，数学建模备赛期间我内心的矛盾，都根结于我淡忘了自己参加竞赛的初心。我当初为什么要参加竞赛？是为了通过竞赛驱动对数学建模方法、数值分析、机器学习等方面知识的学习，并且初步体验从事科研工作的艰辛和不易，为今后的科研道路做一个铺垫。可如果我轻易向困难屈服，向诱惑低头，去找一些往年论文抄抄就交差了事，那就和我的初心背道而驰，越走越远了。

在大学这个宝贵却短暂的人生历程里，每一次的选择都会让我们更加贴近或偏离我们期待的人生轨迹。做出正确的选择最重要的是，我们要认清自己真正的初心何在，并为了我们的决定义无反顾地向前行走，正如《增广贤文》中所说："但行好事，莫问前程。"

■ 前　行

访谈之后，我毅然决然地拒绝了那条看似美丽的"战略性借鉴"道路，坚决地选择了自我摸索、在跌倒中不断向前迈步的道路。幸运的是，我的两名队友都很支持我，并且和我一起走上了这条充满艰辛的道路。

在接下来的二十几天中，我们一起克服了空间上的距离，分工合作，充分利用学校提供的优越的学术电子资源，查阅了很多相关的参考文献，并且在之前工作的基础上尝试和比较不同算法的优劣。尽管培训题目的难度依旧，但内心有了目标，前行的脚步愈发坚定，再困难的问题也有被洞穿的一天。

与此同时，我坚守着当初设计这项社会实践的初心。原本在社会实践开始之前，我只是想按部就班地拍摄一些刻经处工作人员的工作视频，然后放在微信公众号上，再附点文字就算了事。但听了传承人的话之后，我想，社会实践并不是一个应付学分的过程，而是能做些课业之外的事情。正如哈佛大学校长福斯特所说，大学不仅是为现在负责，更要为历史和未来负责。我们的社会实践也不应该仅仅为我们现实的学分负责，而更应为后人记录下如接受我们采访的传承人这样默默守护祖国传统技艺的精神。

于是，我决定将拍好的视频进行精心地剪辑和调色，并加上同组小伙伴配音的旁白和悠扬的背景音乐。由于之前并没有真正制作过视频，因此在这过程中避免不了磕磕撞撞，甚至有一个晚上因为脑海中反复地斟酌镜头的顺序而彻夜无法入眠。但看到别的小伙伴也在同样地努力，甚至也因为反复听背景音乐而入睡困难，我顿时振奋：大家刻意完成的岂是一项活动作品，更是一种遇事认真踏实、追求完美的精神磨炼。我相信，我们这样不断地努力前行，最终会在追寻初心的道路上走向属于我们自己的胜利。

■ 始　终

荣誉和成功如约而至，数学建模国家一等奖的喜讯和社会实践校级一等奖的荣誉纷至沓来。但我知道，这些成功和荣誉仅仅是追寻初心路上带来的赠品，而绝非我前行的根源动力。重要的是，参加数学建模竞赛的路上，我确实了解了很多之前认识甚浅甚至从未入门的领域，并且深刻体会到了探索未知领域的艰难和不易；参与社会实践活动时，我们的社会实践视频，最终上传到了网上，获得了刻经处和周围同学的一致好评。大概，这些才是我前行的根源动力。

黄庭坚曾说，"行百里路，半于九十"。不断前行的路上，越往前迈进，所遇到的困难一定是越来越多，也越来越难以解决。如果在路上不停地想望见结尾是凶险还是坦途，犹犹豫豫收紧脚步，不敢作出自己的选择，那"半于九十"的结局，想必也不出人意料了。我从未指望我自己作出的每一个人生选择都只盈不亏，正如选择了远方就需要风雨兼程，选择了直面就需要不畏艰辛。最重要的还是，或晴或雨，都不忘前行；不忘初心，方得始终。

指导老师 魏敏娜

师长点评

肖君彦同学品学兼优，有责任感有担当，是个有理想有抱负的青年，希望他继续努力，继续"仰望星空，脚踏实地"，继续在自己选定的道路上更加坚定地走下去，成为更加优秀的人才，创造出闪耀的未来。

计算机科学与工程学院副教授、硕士生导师　汪　鹏

李新新 LI Xinxin

■ **个人简介**

男,汉族,1997年4月出生,中共预备党员,物理学院应用物理学专业2015级学生。曾获国家奖学金、国家励志奖学金、唐仲英德育奖学金、南京安徽商会·同曦集团东南大学B级奖学金;全国周培源大学生力学竞赛省一等奖;东南大学"优秀心理委员"、东南大学"三好学生""优秀团员""优秀团干部"、东南大学"优秀学生干部""优秀青年志愿者"等荣誉称号。

心心之意，永不停息

物理学院　李新新

■ 积跬步，至千里

记得刚到东大时怯生生的，在人群中，我总是缩在不起眼的角落里。我很羡慕那些无论和谁都能侃侃而谈的人，那些成为焦点也从容不迫的人，那些具有领袖气场的人，还有那些学习特别出色的人，这都是我暂时没有的。但对这个新的舞台，我又充满了各种期待与幻想，所幸我一向不会在未尝试前就心生胆怯，因此剩下的便是一往无前地努力。

这一年，我好像有用不完的精力。英语课上分组时，主动去做组长；思修课上选助教，我第一个站起来；光学课上的课程演讲，我也要主动找老师请求上台；我尝试过辩论，尝试过主持，尝试过演讲，组队参加过竞赛。从进校的那一刻起，我就决定要塑造自己，通过不断地实践、不断地积累，把握每一次机会，哪怕这样会背上很多负担，导致生活很苦很累，我也从未熄灭过这个念头。

大一结束离校的那一天，过去一年发生的一切如影像般涌入脑海里。第二年，我会更好……

■ 尽吾志，可无悔

学校里，我参加过各种竞赛，高数竞赛、结构竞赛、中华赞等等，遗憾的是从未获得过奖项。但我的热情并未泯灭,因为在过程中收获到的远不止最后的成绩,还有更加亲密的友谊、增长的专业课外知识、解决问题和团队合作沟通交流的能力,这也是我始终保持初心的原因。

我得知力学竞赛仅是一个巧合,因为对于我们物理学院来说,这种比赛与专业不算对口,但出于自身兴趣,我毫不犹豫地报名了。首先面对的问题就是,竞赛内容偏向工科的理论力学以及材料力学,并不在我的学习范围内,看着从图书馆借来的三本基础教材,我动摇了,在仅剩的一个多月时间内,在只有普通力学基础的情况下,我能学完吗?这可是别人需要一学年学习的课程啊!在未投入精力前放弃无疑是最佳的选择,不会承担任何风险,也不会有任何损失,但这绝不是我想要的,不尝试一定会有遗憾,最差的结果也只是和之前的比赛一样,同样不会有任何损失。没有多余的时间犹豫,每一天都至关重要,一旦决定就马不停蹄地开始备考。三周,仅用三周我便学完基础课程,除了正常上课、社团日常事务外,全部时间我都用在学习这两门课上面,每天早出晚归,严格按照预定计划,困了有咖啡为伴,累了就幻想一下拿到奖时的喜悦。余下时间,需要不断巩固这些新概念,不断熟悉它们的应用,这是一个加速的增长过程,但犹如加速上升会感到不适一样,"力"这个词已经让我有种眩晕感。时间不会因我而暂停,一切仍按正常的轨迹运动,这一个月我错过了一年一次的环校马拉松,错过了好朋友的生日,错过了走遍南京的安排,竭尽全力,因为尽吾志也而不能至者,可以无悔矣。

■ 聚滴水,共破浪

这一年,我成为班级的团支书,努力建设班级团支部,并开展磐石计划长期项目"匠心独韵"。为了找到合适的工艺,让同学们体会到传统工匠精神,我调查了南京地区存在的各种传统手工艺,通过比较秦淮灯、根雕、微雕、捏面、陀螺等,最终选择了中国结,并联系到南京传统绳结艺人汤虹老师对我们进行指导,同学们连同辅导员一起加入此次的绳结学习中,给集体回忆增添了一抹色彩。

这一年，出于对大学生心理健康的关注以及目前各院系心理委员难以发挥实际作用的问题，在心理健康中心的指导下，我和几位心理委员共同创立了心委工作室。试图在全校范围内营造一个活跃的、积极的心理文化氛围，想要各位心理委员们能切实掌握必要技能，真正发挥自身职能。从准备成立答辩，到初步成立再到招新，我们搭起了整个框架，一步步完善，关爱她，守护她，期待着她的成长。

这一年，我带领小组一起进行了暑期社会实践省级重点项目——"追寻现代城市中的绿与灰"，从选题、实践到最后的成果答辩，前后总共经历四十余天。在实践过程中，我带着小组去了很多地方，看到很多事情，也有了许多同学所没的经历。我们有一个环节，需要企业单位方面的一些信息，但一个大学生的力量微乎其微，即便我们是东南大学的学生。当我们一个个电话打过去，收到的回复基本都是在拒绝，委婉的也好，直接的也罢，少有那么几人表示需要请示，但结果仍不尽如人意。这时我们清楚地认识到我们其实就是一群很普通的大学生，我们为过去的那些小成就沾沾自喜是一件多么可笑的事，我们要走的路还很长。在实践过程中，我们不可避免地要进行参观，而我们的最大问题就是怎样才能避免参观的形式化，因为很多参观性质的活动，看起来就像走个过场，为此有个小组成员总是埋怨我们"无中生有"。对别人，我不能做要求，但对我们自己，必须要求有所突破，避免形式化是必需的，如果都只注重形式，还怎么发展？有突破，这是我对小组的基本要求。作为组长，我在整个实践过程中起到核心的作用，规划时间安排、作出活动计划以及及时调整实践内容。原本组内七人里有五人是零经验，没有工作经历，甚至缺少社团经验，但所有人从零起步，我通过恰当的分工，使每人都能各尽其能，整个过程无一人闲置，同样也无一人掉队，最终整个团队实现了质的飞跃。

■ 路漫漫，唯求索

就像"王侯将相，宁有种乎"，我从不相信我本该平庸。因此，当我在年级百分之十几徘徊时,当我处于生活的边缘时,我仍保持昂扬的斗志和不屈的决心:四个学期内我始终保持进步,学习成绩从十几名到前几名再到第一名;所有工作从零起步;从做杂事的小成员,一点点积累,成为副会长、成为主席。当我作出决定,并认为我有能力达到时,便不想再为自身的懒惰、灰心、犹豫辩解。

回顾这两年多的经历,我有时追问自己,究竟是怎么走过来的,因为冲动?感情?还是不甘?或许都有,但最终的动力一定是一颗永远追逐的心。我不愿在这个世界上匆匆走过,那样的话,来到这个世界还有何意义?我要让这片生我育我的天地感受我的芬芳,让我的生命留下痕迹。我相信生命的启程刚刚开始,这条路还很长很长,未来的舞台将会更大,肩负的责任也会更重,但追逐的心意不会停止:追逐着自己的梦想,追逐着我们的中国梦!

 吉 鑫

李新新同学是我主讲的《光学》本科课程的学生,我们有过多次课上和课后的交流。当我讲授《光学》时,他主动学习、创新思维和孜孜以求的求知态度给我留下极其深刻的印象。李新新同学对待师长彬彬有礼,为人谦逊好学。值得一提的是,无论是学习还是课程论文撰写,他都不吝于与同学相互分享资料,乐于助人,有着良好的合作精神和协调能力。在我眼里,他是一名全面发展、品学兼优、勤奋热情、有明确理想和强烈社会责任感的年轻人。

物理学院教授 邱 腾

ZHENG Tian 郑 添

■ **个人简介**

男，汉族，1997年6月出生，共青团员，东南大学电子科学与工程学院电子科学与技术专业2015级学生。曾获2016—2017学年国家奖学金、2015—2016学年校长奖学金、686奖学金；2017年全国大学生电子设计竞赛一等奖、江苏省普通高等学校第十三届高等数学竞赛本科一级组一等奖；东南大学"三好学生""优秀团员"等荣誉称号。

高山仰止　景行行止

电子科学与工程学院　郑　添

"人生总是正着去活,倒着去理解。"回首大学两年多的岁月,时光把我们推向一个又一个新的机遇与挑战,比起刚入学时,我们都已经成长了太多。活在东南、学在东南。在这两年里,我在学生工作和各类文体活动中体验了丰富的大学生活,不仅获得了归属感,也收获了友谊。在课内,我以高要求对待自己的学习,将成绩始终保持在第一梯队;在课外,我从许多学科竞赛中找到了乐趣,也找到了自信……最重要的是,在不断努力的过程中,我的目标越来越清晰,那就是不断突破自我,践行"止于至善"的校训!

■ 学生工作——"在这里,我找到了家"

在电子学院迎新晚会上,我展现了自己的才华;在电子杯篮球赛中,我与同样热爱篮球的同学们并肩作战;在电子学院学生会文化部的工作中,我认识了一群可爱的同学们,我们一同设计出极具想象力的活动,为校园文化增光添彩。在这些活动中,我真正感到我属于这里。在这个像家一般的环境里,我的付出是自然而快乐的。

在学生会工作时,我和小伙伴们一起策划出了覆盖千人的校园游园会活动。这辉煌的背后隐藏着极大的压力和工作量。熬夜改到凌晨的策划,剪到凌晨的视频,都是我那时工作的真实写照。但是每当看到获得了数千赞的宣传推送，我的内心觉得十分满足。

在电子科协技术部工作时，我参与了每一场技术部举办的讲座与培训。在这段工作经历中，我接触到了许多"竞赛大神"学长学姐们，他们热爱分享的精神深深地吸引着我。我渐渐意识到，个体的优秀绝不是最高的目标，把自己的知识技能分享出去并让更多人受益才是实现自我价值的最好方式。带着服务他人的一腔热血，我认真准备每一次的讲座，也非常珍惜同学们向我提问的机会。在电子科协焊接培训活动中，我翻阅了各种国内外相关资料，向学长们学习各种技巧。焊接是一项非常需要经验的技能，为了做好榜样，给同学们演示焊接时能够更熟练，连续几个晚上，我都在实验室中练习焊接。

如今身为电子科协主席的我，也一直致力于将这样的分享精神与服务精神传承下去。当看到学院的学弟学妹们参加我们举办的焊接培训，在我们手把手地教授下学会了焊接技能，或是兴奋地在朋友圈中分享人生中第一次焊接电路板的心情时，我都感到非常开心。我想，焊接是电子制作的基本技能之一，我们给同学们带去的不仅是焊接技能，更是对专业知识的兴趣与热情。我坚信我在做有意义的事情。

非常庆幸我能身处多个优秀的大家庭中，并实实在在地贡献了自己的一份力。这让我找到了自我，并在与大家共同进步中提升了自我。

■ 投身学习——"学海无涯苦作舟"

然而大一上学期，投身于学生工作的我却让学习进入了一种"放养"的状态。高等数学的期中考试是我上大学以来得到的第一份成绩，而结果却差强人意。反思之后，我渐渐静下心来，以更高的标准来要求自己。不求顶尖，但求尽力。对于每一门课程，认真听课、完成作业仅仅是最基本的要求，我总是在课程要求之外多学一点，理解得更深入一些。老师推荐的参考书目，我都会去看看这些书究竟好在哪里。课堂上，我总是在前排认真听讲。

课后，我往往会"缠"着老师，提出课堂中遇到的疑惑，不放过任何疑点。

在模拟电子电路课程考前答疑时，任课老师开玩笑般地说，这门课还没有同学考过满分，希望我能够好好考，争取拿到第一个满分。虽然最后很可惜，因为一个小错误与满分愿望失之交臂，但我还是从老师赞许的眼神中看到了对我平时努力的认可，我也一直将这份较真的学习劲头保持下去。终于，通过我的不懈努力，我成功地将成绩稳定在专业前三名，各类课程奖也自然是手到擒来。

■ 竞赛之路——"不破楼兰终不还"

从理论到实践，从专业课程到学科竞赛，这中间有一个很大的断层。当我决定走出舒适区，尝试通过参加各种电类竞赛来训练自己对专业知识的应用的时候，我毅然定下目标：一定要在专业竞赛中有所作为，获得一个国家级别以上的奖项！

而当真正着手开始参加竞赛时，我才意识到自己置身于多么艰难的选择中。刚刚大二的我知识储备不足，仅仅学了一些基础课程。而专业竞赛往往涉及许许多多知识的综合运用，有太多都是我尚未学到或者课程计划中没有安排的。

高等数学竞赛、数学建模竞赛、PLD竞赛、智能车竞赛、嵌入式竞赛……这些竞赛穿插在我课程紧张的大二生涯中，我顿时过得充实了许多。不得不承认，在学习与竞赛中获得平衡是一件很难的事情。我经常上课还在想着昨天写的代码到底哪里有问题，在写代码的时候忘记还有繁重的课程作业要写。我决定牺牲空闲娱乐时间，投入到竞赛和学习中去。

每一次竞赛都是一次挑战，一次历练。所有欠缺的知识都只能通过自学来补充，所有缺乏的经验与技能都只能通过不断试错来弥补。孤独和无助是常有的感受，很多时候我虽然投入了非常多的精力，得到的结果却很糟糕。我渐渐地调整了心态，虽然结果不如愿，但是在参与的过程中我学到了

太多课本上没有的东西。在竞赛过程中,我所做的实验比所有实验课程中的实验量总和都要大得多,因而实践能力也有了极大的提升。万事开头难,有了较多的竞赛经历之后,我渐渐找到了方法,也更有了信心,相信自己离目标正越来越近。

参加2017年全国大学生电子设计竞赛是我最重要的决定之一。为了参加赛前培训,我放弃了一整个暑假与家人团聚的时间。顶着每轮可能被淘汰的压力,每天在实验室中进行高强度的电子系统设计实训。到现在,我依然记得每一个通宵的清晨九龙湖校区清新的晨雾,记得那个夏天傍晚电子电工楼旁边绚丽的晚霞,记得学院老师的关怀,记得学长学姐的帮助。

和怀揣着同样理想的同学们一起,我们坚持下了长达一个多月的高强度训练。正式比赛中,在非常有限的四天时间里,我们在牺牲了大部分睡眠时间,从无到有设计出了一套稳定的四旋翼跟踪系统。软件与硬件方面都有大量的工作要完成,我们合理分工,一同拼尽全力检查每一行代码与每一颗螺丝以保障稳定性。经过省赛、综合测评与全国复测的三重筛选,我们的队伍终于稳稳地拿下了全国一等奖,实现了我最初的目标。

■ 未来之路——"止于至善"

这一段竞赛经历极大地改变了我的想法。面对一个艰难的任务时,我已经不容易感到畏惧了。"既然这都坚持下来了,还有什么困难不能战胜呢?"我经常这么对自己说。另一方面,我也意识到了专业知识体系的宏大。山外有山,人外有人,有太多更厉害的同学,也有太多学不尽的知识。所以我认为,任何时候都应该保持虚心学习的姿态,才能够最大化自己的价值。

本着这样的态度,我不敢放慢我的脚步。课程、竞赛、科研……在专业方面,我有太多需要继续努力的方向。在实验室中,我跟着老师认真完成课外研学项目,不断地找资料、翻阅英文学术论文。在课堂上,我依然勤学好问,积极帮助同学,这也是对自己的提升。

虽然我的身份是学生,但我认为我们不能局限于"学生思维"。我参加了主题为"大众创新,万众创业"的对上海市嘉定区产业创新情况的社会实践调查,对大学生创新创业的核心竞争力有了更深的理解,更明确了自己的目标。作为一个工科学生,我们又不能局限于"工科思维"。我深信这个时代需要适应性更高、更加全面的人才。我注重多方面的发展。我担任过班级学习委员,积极参加文体活动。在校两年中,我连续获得"三好学生"称号,得到老师们、同学们的认可。除此之外,我还获得过686奖学金、校长奖学金和国家奖学金。

"高山仰止,景行行止。"我深知,这一切只不过是山脚下的风景,还有更多更高的山峰等着我去攀登。我希望我的眼神能始终坚定,步伐始终稳健。本科四年尚且过半,只要敢于努力,我相信未来充满了可能性!毕竟,这正是生活最迷人的地方。

 王一卉

郑添同学勤奋好学,成绩优异;在科研竞赛方面表现突出,获得电子设计竞赛全国一等奖的好成绩;担任学院的科协主席,尽职尽责;在日常的生活中,无论对老师还是同学,都是谦恭有礼,乐于助人,成为了同学们心目中的榜样力量。

东南大学电子科学与工程学院党委副书记兼副院长、副教授　宋晓燕

师长点评

HAN Ce 韩 策

■ 个人简介

男,满族,1996年4月出生,中共党员,东南大学化学化工学院2014级本科生。曾获国家奖学金、东南大学校长奖学金、东南大学教育基金会奖学金、德威奖学金、天翼奖学金;江苏省水处理实验竞赛一等奖、东南大学化学化工实验竞赛二等奖;东南大学"优秀学生干部"、东南大学"优秀团干部"、东南大学"学习优秀生"等荣誉称号。

永远年轻，永远热泪盈眶

化学化工学院　韩　策

■ 认真学习才是学生的本分

2014年，我以全校第三名的成绩考入东南大学。初入东南，对周边的一切都感到陌生，只是记得辅导员老师告诉我们：在大学，学习才是最重要的。谨记这句话，我开始了真正的大学生活。

大学的学习模式与高中有很大的差异，因此，图书馆便是我在大学中最常去的地方。在图书馆我能感受到东南大学良好的学风，并能更专汪地学习。遇到解决不了的问题时，我便在各个书架间徘徊，总能找到解决问题的书。在图书馆，我真正体会到徜徉在知识的海洋里的感觉。我知道，如果想取得好成绩，一个人的努力是不够的。因此，我经常与周边的老师、同学组成研讨小组，共同解决学习中遇到的难题。

化学是一门严谨的学科，既需要利用理性思维进行大量计算，又需要去记忆各种复杂理论，还有理解各种抽象的概念。因此，为了学好化学，我时刻注意理论与实际相结合，多去做实验，且总是希望用所学知识去解决一些生活中遇到的问题。不放弃任何一个细小的知识点，吃透书上的每一节，正因为这样我才能取得现在的成绩。我的大三学年绩点为 4.33，是化

学专业第一名。然而我并没有因此而骄傲，而是将其看作"曾经"，激励着我继续努力。

我深知，除了专业课程，外语课程也非常重要。我在平时生活中经常营造英语氛围，经常参加"英语角"活动，因此大学英语四六级我都取得了满意的成绩。我也十分珍惜部分全英文授课的专业课，这让我积累了更多的专业词汇和习惯用语，可以更便捷地阅读外文文献。

由于基础课程成绩让我自信，因此我便进入课题组实验室参与科研。在大二这一年有幸进入周钰明教授的课题组，参与"高效环保型水处理剂聚环氧琥珀酸类共聚物的合成及性能研究"项目的研究。在课题组中我合成了聚环氧琥珀酸及其衍生物，并进行阻垢率测试，之后对反应条件进行改性，这一年我收获了许多科研经验。

我希望在本科阶段能够拓宽自己的视野，于是在大三我进入了钱鹰教授的课题组，做"新型罗丹明－萘酰亚胺荧光探针的合成与应用"课题。截至今天，我已经成功制备若干中间体，并将其连接在一起，形成了能实现FRET机理的特异性荧光探针。目前，我们正在对分子进行进一步修饰，使其有望应用于生物体内的识别及活性氧的检测，并计划发表高质量论文。参与科研的过程并非像我想象中一帆风顺。因此我开始大量阅读文献，提高自身专业素养，也提高了自身专业英文水平。

■ 大学生活不应该仅仅是学习

在大学，学习固然是最重要的。然而大学是一个综合性的平台，多做些课外活动可以开拓我们的眼界，认识更多优秀的人才，从而提升自己的综合素质。现在我身兼化学化工学院团总支书记、化学化工学院本科生支部书记、193141班班长等职务，曾任共青团东南大学委员会宣传部执行部长、助管工作。

在任职期间，我深深地意识到，热情和责任心是做好工作的最基本、最重要的因素。作为一名党支部书记，我以身作则，使支部党员深刻认识到自己党员身份的先进性。我时刻关注政治，向先进靠拢，组织"两学一做"主题党日活动，得到了支部党员的一致配合。同时我又鼓励身边的同学积极向党组织靠拢，并及时将入党积极分子的情况反馈给院党委。

在团宣工作的两年多时间里，我参与了《新闻集锦》《大事记》两册东南大学团委年度总结书籍的编辑工作，主持了"青年东大说"微信公众号的运营、编辑工作以及新生文化季闭幕式文艺汇演的屏幕、音频控制工作。从2014年起至今，我累计参与了7册年度总结的编辑工作，三年来每年年底都熬夜加班。为了确保没有纰漏，我和团队成员反复检查，检查用的稿件已经装满了几个书架。努力没有白费，每年的书籍均受到读者的一致好评。我见证着"青年东大说"微信公众号的成长。目前我主编的微信已经有数十期，有对榜样的采访，有对长江大桥的回忆，有南京地铁攻略，又有记录了东大同学生活的点点滴滴，均获得了良好的口碑与点赞量。在这段时间，我不仅仅学到各种实用的技能，更重要的是，这极大地提高了我的工作能力、沟通能力及工作效率。同时，我还认识了一群特别优秀的小伙伴，意识到了团队的力量。

我将"班长"这个角色定义为班级的服务者而不是管理者。有多少权利就有多少义务，因此，为了尽可能多地为班级提供优质服务，我建立了完善的通知系统，让班级全体同学尽快了解到最简明的信息。此外，凡是班级能统一为同学做好的事情，我力争做到不让各位同学操心，不让同学们多"折腾"一次。因此，我的工作得到了老师们的认可和同学们的好评。

成绩和荣誉的背后，是学校的发展给我创造的良好条件，是老师悉心指导与同学的默默支持，也有我自己踏踏实实的付出和永不言败的执着。因此,我获得了"优秀学生干部"荣誉称号。大家给予我的支持是我前进的不竭动力之源。尽管很忙,但我保持"永远年轻,永远热泪盈眶"的心态,认真把每个岗位的工作做到最好。

■ 相信团队的力量

无论在学习、实验或者工作上,一个人的力量总是不够的。作为班长,我与同学们商议,共同成立了学习研讨小组,共同解决疑难杂症,这样不仅自己的学习成绩有所提高,班级的总体成绩和学习氛围都有所增强。在实验时,我会主动与同组成员交流,分析实验每一步的现象及原因,将实验的机理了解透彻。在工作上,一个人难以确保万无一失,对于一个团队而言,大家互相检查漏洞,就能达到最佳状态。

此外,我还参加了教务处的一对一帮扶小组活动,积极帮助身边学习成绩不太好的同学。在这段时间里,对于被帮扶的同学来说,我帮助他理清了条理并找到了学习重点;对我而言,我又温故知新,从课本中读出了更多的意味。

我乐于帮助同学,建立了良好的人际关系,获得了大家的支持。而且我还能积极参加社会实践活动,认识了许多优秀的人才,增强了我的团队协作能力。在宿舍时我注重宿舍卫生情况,主动打扫宿舍,宿舍整学年每次卫生检查的得分均为 95 分。

■ 成功保研——这段经历将永远激励我前进

2017 年 7 月,我有幸参加清华大学等五所大学的暑期夏令营,并成功保研至清华大学。我认为参加夏令营是对自己前三年学习成果的一次检验,竞争对手则是全国各地最优秀的大学生。夏令营期间,紧张在所难免,但东南大学给予了我自信。当面试官得知我是东南大学的学生时,纷纷点头,这让我更深刻地意识到,应以东南大学为荣。

在夏令营期间,我明白只有按照百分之一百二的水平去准备才能发挥出百分之百的效果。我逐渐找到感觉,用三年来的学习成果从容对待每一次笔试和面试。我想,我尽我所能地去准备,即便失败也不会有遗憾。

最后,我成功通过了这次考试。这是对我本科期间学习与工作最大的肯定。这也使我对自己充满信心,这也激励着我更加努力地向前。

我深知,是学校和学院的培养才造就了今天的我。我也一直用自己的努力来证明这一份期许没有白费。韶华易逝,光阴荏苒,我将在人生旅途中继续拼搏,永远年轻,永远热泪盈眶,写下更精彩的篇章。

 陈 嘉

韩策同学是一个性格开朗、处事严谨、力争上游的学生。他严于律己,在做到刻苦学习的同时能积极参加学生活动并担任一定要职。我认为他是一名有潜力的学生,相信他在各方面的努力一定有利于他未来的深造。

东南大学化学化工学院教授　钱　鹰

金洁珺
JIN Jiejun

■ **个人简介**

女,汉族,1997年7月生,共青团员,东南大学吴健雄学院2015级高等理工实验班学生。曾获南京安徽商会·同曦集团东南大学奖学金、正保教育奖学金、国家奖学金;2017年全国大学生英语竞赛国家一等奖、2016年江苏省普通高等学校第十三届高等数学竞赛二等奖;东南大学"三好学生标兵""优秀团干"等荣誉称号。

在追梦路上奋进的蜗牛

吴健雄学院　金洁珺

当我牙牙学语时,妈妈教我唱过一首歌《蜗牛与黄鹂鸟》。这首歌讲述的是一只蜗牛攀爬葡萄树的故事。蜗牛背着重重的壳,一步一步努力向上,它对奋斗目标的执着追求、不畏艰难的努力进取,一直感染着我。回望在东南大学这两年,我想,我就像那只在葡萄树上的蜗牛,虽步履蹒跚,但追梦不止,一步不歇。

■ 勤学如春起之苗,不见其增,日有所长

2015年初进东大,我和大多数大学新生一样,怀揣着对大学生活的美好憧憬,见识东大气派,体味龙湖书香。2015年暑假我有幸参加了吴健雄学院(简称"吴院")的新生选拔夏令营并成为高等理工实验班的一员。在这里,"厚基础、宽口径、强交叉、重个性"的育人指导思想,"三制五化"的人才培养模式,"卓越化、个性化、国际化"的育人理念深深影响着我,我也希望在吴院淬火成钢,成为全面发展的有用之才。

初入吴院,身边精英比比皆是,其中不乏学科竞赛的"省一"大神,文笔一流的"才男才女"。庆幸的是,这些优秀的同学,不仅让我感受到了压力,更给了我前进的动力。对于大学教学模式的不适应,应接不暇的学

生社团工作,都曾经使我内心彷徨。但每当我回想起初入吴院的决心时,我丝毫不敢怠慢。因为心中目标笃定,所以才会努力向前。为了扎实掌握每门课程,上课前,我提前预习,画好课上的重点难点。课堂上,集中注意力,将课堂作用发挥到最大,并积极与老师交流研讨。课下,图书馆里徜徉书海,自习室中冥思苦读,九龙湖校区不知道留下了多少次深夜回寝的身影。正是因为勤奋与坚持,我拿到了本专业的所有课程奖,大一学年绩点达4.508,大二学年绩点为4.492,两年平均绩点为4.499,位列年级第一。

为了夯实学科基础,扎牢专业根基,我积极参加各类学科竞赛。先后获得全国大学生英语竞赛国家一等奖、江苏省普通高等学校高等数学竞赛二等奖、东南大学电子设计竞赛优秀奖等。面对着一本本证书,一张张奖状,我不禁思索,成为行业领军,掌握课内的基础知识远远不够,单纯的高绩点也只是其中应有之意,更重要的是要钻研专业,勇于创新,I WANT MORE。

■ 君子之学必日新,日新者日进也

借助吴健雄学院"导师制"的平台,大二时我选择了尽早加入导师的课题组进行科研训练,并有幸成为了信息学院张川老师课题组的一员。初进课题组的好奇与喜悦,很快就被面对课题任务的恍惚与无措所取代。因为大一所修的课程均为公共基础课,当时的我几乎没有任何专业方面的知识,面对老师分配的课题任务,我毫无头绪。同时,专业课程的压力越来越大。对于每一个大二高工班"电类"专业的同学,秋季学期的课程仿佛是黑暗的"噩梦"。伴随着被"数电""电路"和"信号"同时支配的恐惧,搭接面包板、调试电路到凌晨两三点可以说是家常便饭。按照课题组规定，每周需要提交周报，并在组会上汇报一周工作进展。当时的我，面对如此多的任务，十分着急，不知如何下手。但是静下心来想想自己的选择，我还是坚持了下来，学会了统筹时间、分配精力，从事专业学习和科学研究的效率逐渐提升。在老师的关心指导以及课题组学长学姐的帮助下，实验室的灯光成为伴我深夜回寝的指路灯，"魔鬼"的大二上学期被顺利征服。期末，我对自己的研究项目终于有了整体的把握，专业成绩也不降反增。有了这样的经历，我更加感觉到了目标的重要和坚持的可贵。

到了大二下学期，科研上有些眉目后，我开始了第一次论文写作。根据学长学姐以往的经验，写好的文章需要反复修改才可以投出，而我要投的会议截稿日期在 4 月下旬，所以计算后我决定 4 月初完成初稿。犹记得那个清明节，别的同学都在踏青扫墓，我却在家中天天看文献、写文章。因为排版格式比较复杂，论文通常不是用 Word 完成，而是采用专用工具 Latex 进行写作。作为新手，我只能一点点自己琢磨，从头学起。就这样，几乎三个通宵之后，论文的文字初稿总算在预定时间之内完成。后来，在张老师和组内其他学长学姐的帮助修改下，论文顺利投出并被接受。从那之后每当有同学第一次写论文时，张老师都笑着让他们向我请教第一次写作即命中的经验，我也成了课题组内的"小老师"。

除了文章写作，我还参加过大大小小不少次的会议、报告。有一次，组里的学姐临时有其他任务，推荐我代替她去参加"东南大学第七届大学生学术报告会"并做口头报告展示。按照以往惯例，这个会议历来都是三、四年级同学展示自己优秀科研成果的舞台，当时的我只是一个大二的学生，很害怕自己的表现会给课题组丢脸，所以纠结了一阵。最终，在学姐的鼓励和自己不服输精神的刺激下，还是报了名。报告会开始前一周我才收到要开始准备幻灯片的通知。可是周一、周四晚上的选修课,周二晚上的"模电实验",周三的"电设竞赛"校赛选拔,本就繁忙的一周又增加了一项几乎不可能完成的任务。那一周我觉得时间过得飞快,抓紧每分每秒来制作幻灯片和练习讲稿,每晚都是最后一个离开教室。功夫不负有心人,终于我的报告得到了与会人员的认可,获得了"东南大学第七届大学生学术报告会十佳报告",成为全校唯一一位获得此项殊荣的二年级学生。后来我又陆续参加了 2017 年 IEEE SiPS 2017、ICRI-MNI 英特尔半年会等国际会议。在刚刚结束的 ISIPS 2017 专题研讨会上,我的报告更是幸运地获得了"Excellent Paper Award",得到了国际学者的认可。这些科研上的经历让我可以几天几夜在电脑屏幕前冥思苦想、字字斟酌,也可以使我在国际会议的讲台上"谈笑风生"、展示自我,成为了我奋斗路上不可多得的宝贵财富。

■ 物有甘苦,尝之者识;道有夷险,履之者知

科研路上荆棘密布、曲折蜿蜒,只有梦想笃定、果敢执着才能奋勇向前。在社会活动和志愿服务中,同样需要奉献服务,进取担当,才能"识物之甘苦,知道之夷险"。在"探秘九龙湖""感恩母校,携手成长"、南师大附中江宁区分校小学部支教活动、"科技进社区"和"脉动回来"暑期社会实践等活动中,我与同学们一道,奔走在九龙湖畔,支教在小学课堂,来回于田野阡陌,每一次活动,都使我受益匪浅,感触良多。特别是 2016 年 8 月参加"东南大学大学生骨干研习营"并前往安徽省凤阳小岗村考察,使我对于改革创新有了更加深刻的理解和认识。此外,我还担任了院团委组织部长,坚持"奉献学院,服务同学",组织了优秀团支书工作经验交流会等活动,受到同学们的一致好评,先后获评学校"三好学生标兵""优秀团干"等荣誉称号。

学习和工作之余,我坚持体育锻炼,积极参加校、院运动会。在两届校运会中获得"袋鼠跳"项目的第1名。

有目标的人生叫航程,缺目标的人生叫流浪。三年级的我,面对繁重的专业课程和科研压力,有时还会有些许的茫然。但"全面发展、行业领军"的目标在前方感召,"止于至善"的校训在内心激荡,我就是那只在葡萄树上踏实进取的蜗牛,不忘初心,逐梦前行。

 李 鑫

金洁珺同学的可贵之处在于她能够很好地平衡学业和科研。在学业上,她聪慧努力,并一直保持高绩点。在科研上,她奋发图强,很快介入对应课题,取得了很好的前期成果。我想支持这一切的,是她坚定的理想和对于未知的好奇心。在课题组的高压环境下,金洁珺同学能够做到游刃有余,已经说明她优异的科研水平和强大的心里承受能力。在进入我的课题组一年多时间里,金洁珺同学取得一系列的优异成绩:在国际会议 SiPS 2017 发表论文;申请发明专利;获 2017 年度东南大学十佳报告;获得 ISIPS 2017 会议的"Excellent Paper Award"等。有理由相信,金洁珺同学在未来会作出更好的成绩。

东南大学移动通信国家重点实验室副教授、硕士生导师　张　川

SUN Qing 孙 青

■ **个人简介**

女,汉族,1998年5月出生,共青团员,东南大学生物科学与医学工程学院2016级学生。曾获国家奖学金、叶晶奖学金;第三届中国"互联网+"大学生创新创业大赛江苏省二等奖,2017"校庆杯"东南大学大学生创新创业大赛一等奖;东南大学"优秀学生干部""优秀团员"等荣誉称号。

以梦为马,不负韶华

生物科学与医学工程学院　孙　青

时光飞逝,岁月荏苒,还记得童年阳光下肆意奔跑的无忧无虑,转眼我已经二十岁了。初入大学时的激动和新奇还历历在目,转眼间这已是我在东南大学度过的第二年。成长的路上,我从未停下追梦的脚步,每一次的挫折与摔倒都是挑战和磨砺,每一次的荣誉与肯定都是鼓舞和鞭策,它们都激励着我继续努力,反思不足,总结经验,朝着新的目标砥砺前行。

■ "何物动人,二月杏花八月桂; 有谁催我,三更灯火五更鸡"

生物医学工程,从踏进东大校园的那一刻起,我的大学四年就注定和这六个字紧密联系在一起。还记得第一节概论课上老师讲起 Biomedical Engineering 的诞生,是为了全人类的健康和福祉,那一刻我眼中的 BME 三个字母仿佛闪耀着神圣的光辉,我也第一次感受到作为 BMEer 的那份光荣与使命。虽然旁人对这门新兴的交叉型学科有着或多或少的误解,我们也时常向别人笑着抱怨生医课程多、课业重,但我越来越意识到,这是一项崇高而又繁复的事业,并值得为之奋斗终生。

百年名校的东大,为求知提供了一个更为广阔的平台。大学四年,更是人生中难能宝贵的青春时光。我就像一块干燥的海绵,有幸被投入了生医这一片广博而又丰沛的海洋,能做的便是吸吮着各种知识,让自己变得尽可能饱满充实。

然而学习的过程不总是一帆风顺的，其中的坎坷与艰辛唯有自己在一步一个脚印中才有体味。就拿 C++ 这门课程来说吧，对于之前从未接触过计算机编程语言的我无疑是个不小的挑战。还记得第一次上机实验时的手足无措，面对一长串艰深难懂的代码时的愁苦无奈、一次次调试 Bug 时的揪心焦急，但更记得将想法化为现实、编写出自己的程序时的开心和欣慰。其实在学习 C++ 的过程中，除了感受到难度及挑战，更多的是对新事物的新奇与赞叹，以及通过努力掌握了一门新技能的快乐与成就感。C++ 只是众多计算机语言中的一种，MFC 也只是最基础的类库，但仅仅是这惊鸿一瞥以及浅尝辄止的编程初体验，就足以让我惊叹不已也回味无穷了。在一次又一次摔倒再爬起的过程中收获和成长，从一窍不通到渐渐入门并体验到编程的乐趣，我想这就是这门课程给我带来最大的意义吧！在用技术改变世界的路上，永远学无止境。那些奋斗过的汗水、笑与泪，都将成为最宝贵的经历。

龙应台在给 21 岁的儿子的一封信中这样写道："孩子，我要求你读书用功，不是因为我要你跟别人比成绩，而是因为，我希望你将来会拥有选择的权利，选择有意义、有时间的工作，而不是被迫谋生。"我相信，"何物动人，二月杏花八月桂；有谁催我，三更灯火五更鸡"，这是青春的凌云壮志，更应是青春的最佳写照。

■ "让创新成为一种原始的冲动"

正如厄尔曼所说，青春不是年华，而是心境，是深沉的意志、恢弘的想象、炽热的感情；青春是生命的深泉在涌流，勇锐盖过怯懦，进取压倒苟安。创新是发展的原动力，也是进步的根源。因此我积极参与创新创业，在实践中获得锻炼和成长。

课外研学方面我加入了鸥锐安商业计划的项目组，基于生物医药及基因组学相关的研究，将实验室成果转化为实际产品，探究其市场模式及商业计划。我们成立了南京鸥锐安生物科技有限公司，推出了 SEED Fect 阳离子脂质体转染试剂,作为安全高效的导入系统将 DNA 或 RNA 导入细胞,性能优异,具有低成本、高效率、高普适性等特点,优势明显,在基因治疗、功能基因组学分析、转基因动植物、药物载体的开发等方面具有重要的应用价值和前景。经过大家的持续努力和老师的悉心指导,我们的项目荣获"校庆杯"创新创业大赛一等奖、江苏省"互联网+"大学生创新创业大赛二等奖。虽然作为一名大一新生,我的专业知识和学术水平都很有限,但这样的实战演练让我收获多多。我不仅了解了一项科研成果在实验室诞生、再从实验室走出的过程,也在实践中掌握了论文查找、数据分析等基本技能,我相信这也会为我以后的科研道路打下一个良好的基础。

"大众创业万众创新"从来不是一句空洞的口号,而是应该根植于新时代每一位青年的信仰。因此我不仅自己积极投身到创新创业的浪潮中,也希望能把这样一份信念传递给更多的同学。在院团总支任职期间,我组织策划了科创沙龙和 BME 智能车竞赛,前者是学长学姐们经验的分享,后者则让同学们在动手动脑中体验到了创新的魅力和乐趣。创新是创业的源泉,创新的价值在于创业,创新是创业的本质,创业推动并深化创新,这些带给我的不仅是丰富的经历,更让我对创新创业有了更深入的思考和认识。

■ "无穷的远方,无数的人们,都和我有关"

正所谓知行合一,除了珍惜并充分利用象牙塔里的时光勤奋学习,我也积极参加各类社会实践活动,在实践中了解社会、回报社会。

作为绿光志工的一员,我定期赴南京市宁燕外来工子弟小学开展支教活动。每次去支教都要走好远的路,几乎是从城市的这一头到另一头。他们的校训写在一块有些斑驳的黑板上:"行,我行,和城里的孩子一样行!"当我第一次看到这样的校训,既诧异又震惊。这世上哪有什么城里孩子乡下孩子之分呢?你们一样可爱又调皮,一样有着小鹿般清澈而明亮的眼睛,一样喜欢在洒满阳光的梧桐树下快乐地奔跑。但命运和现实又偏偏那么残酷,有很多东西也许在出生的那一刻就已经注定。

我一直在思考支教的意义,就是我们的到来究竟能给他们带来些什么?也许在那些小朋友眼里,我们不过是那些来给他们上过几次课、给他们带过几次小礼物的大学生哥哥姐姐,但是我真的希望我的努力能给他们带来些许的改变:带他们看看外面的世界,告诉他们这世上还有另一种活法,还有值得他们用一生去追求命运的另一种可能。我们就这样无意间在他们的心中播下一颗种子,也许有一天这颗种子就会生根发芽、开花结果,到那个时候他们也许已经不记得我们曾经来过,也不需要记得了——只是希望那时候的他们,也能成为下一个播种者。

暑假期间,我和大多数同学一样参加了社会实践活动。我选择了我的家乡——美丽的古城扬州作为调查对象,和小伙伴们一起开展了对扬州民宿发展现状和出路的调研。在共享经济火热的当下,许多人愿意把自己闲置的房屋通过个性化的装饰拿出来与他人共享,也有越来越多的游客追求更高的旅途品质,渴望融入、深入城市之中,捕捉细微,感受肌理。基于这种新的旅游消费选择和理念,民宿短租迎来市场的风口。而在素以旅游闻名的扬州,也有越来越多的游客选择在民居客栈中体验"黛瓦粉墙,烟廊雨巷"的地道扬州风味,扬州民宿如雨后春笋,高速发展。在为期10天的社会实践中,我们深入大街小巷,通过收集资料、问卷调查、实地走访、采访专家等形式,总结出扬州民宿的四种不同的发展模式,并对目前存在的一些问题提出了方案设想。这次的社会实践让我收获多多,不仅获得了"校十佳团队"和"十佳个人"的荣誉称号,更让我锻炼了能力、增长了知识、丰富了阅历。

虽然民宿只是一个小小的切入口,但它给我提供了一个契机从另一个角度重新审视养育我的那方水土,让我切实感受到了一个城市的发展和脉动。我也比任何一个时候都更加强烈地感受到我与身后那片广袤土地的紧密联系,正是每一个人、每一座城的发展共同组成了我们祖国的繁荣与昌盛。

鲁迅先生曾写道:"无穷的远方,无数的人们,都和我有关。"这是一种家国情怀、大爱仁心。个人的命运永远和世界联系在一起,作为当代学子,我们应该肩负起时代的使命,坚定信仰,培养一颗心系家国的大爱仁心。我相信,当每一个人都在为共同的梦想和事业而奋斗时,我们的东大、我们的社会、我们的民族便会永远充满希望!

告别了大一刚进校时的新奇和青涩,现在的我已经越来越适应大学里的学习生活节奏。在未来的日子里,我将继续严格要求自己,不仅努力学习各种专业知识,为以后的人生道路打好基础;更要进一步培养良好的思想道德品质,服务社会,奉献社会。

二十岁的我,还有着些许的稚嫩和迷茫,但更有着"恰同学少年"的风华正茂。以梦为马,不负韶华,大学四年,是一段充实丰富自己的旅程。保有孩童般的好奇心和求知欲,努力读书和学习,汲取知识的甘霖;在阳光下恣意奔跑,享受运动场上挥洒汗水的快感。希望四年之后,能遇见一个更好的自己。

三毛说:"生命的过程,无论是阳春白雪,青菜豆腐,我都得尝尝是什么滋味,才不枉来走这么一遭。"爱笑,爱生活,爱旅行,我一直喜欢在路上的感觉,认真对待每一处风景,享受生命中的每一个历程。青春就是要用力奔跑,在成长的路上我步履不停。愿二十岁的我,带着梦想和激情的初心,一直在路上。

 尉思懿

师长点评

孙青同学爱国爱党,学习态度端正,学习刻苦,在日常的学习、生活、工作中能够团结同学,乐于助人。孙青同学是一个思维敏捷、勤于思考、善于思考的人,且性格开朗,对生活的态度乐观、积极向上。望孙青同学继续保持目前的状态。

东南大学生物科学与医学工程学院党委副书记兼副院长、副教授　周　平

LIU Changhao 刘常浩

■ 个人简介

男,汉族,1997年1月出生,入党积极分子,土木工程学院土木工程专业2015级学生。曾获国家奖学金;江苏省力学竞赛特等奖,周培源大学生力学竞赛国家三等奖,江苏省高等数学竞赛三等奖;东南大学"三好学生""优秀团员"荣誉称号。

感恩 · 助人

土木工程学院　刘常浩

"用惭愧心看自己,用感恩心看世界",我第一次读林清玄的《人间最美是清欢》的时候,便深深记住了这一句。或许当时的我自己都不会想到,这一句话会对我以后的生活,甚至是人生观,起到了深远的影响作用。如果说,之前我希望别人认为自己是一位品学兼优的学子,是一位国家未来的栋梁之才,那么现在我更愿意以"常怀感恩心、常做感恩事"的姿态待人、待事,并愿以此被人所欣赏。

能否真正领悟"感恩"二字,指的不仅是是否心怀感激,更重要的是是否心安理得地接受外界的援助和馈赠,来补偿抵消所谓的身世的不公。助人,绝非简单地在别人陷入困境时的"与人为善""古道热肠",其蕴含的是主动奉献的意识,尽自己的微薄力量发光发热,力所能及地帮助周围的人变得更好。

■ 怀感恩之心面对世界

玛格丽特·米切尔在《飘》中写道:"生活没有义务满足我们的期望,我们应该接受现实并因情况不是更糟而感恩。"这句话于我,意义深重。我来自江苏北部农村地区的一个小村落,过着和全国乡村孩子一样的幼年生活。不算破旧的砖房,不算窘迫的家庭,不算保守的父母,幸运的是,在接受教育的道路上展现出求知的饥渴和足够的天赋。教育把我从一个偏僻的乡村带到了县城、带到了市区、带到了省城,更准确地说,不过是县城、市区、省城的学校。农村的家庭背景早已让我学会了,也仿佛是不得不选择了内敛的性格特征,毕竟在城市里面,只有那一座学校才是能够展示自己的舞台。自进入中学以来,因为贫寒的家庭经济而优异的学习成绩一直接受着政府、学校以及社会各界的帮助,我的内心深处对教育早已有了一份深深的感恩之情。

进入大学接受高等教育之后,我接受的"恩情"愈发厚重——学校完善的资助机制,大大提高的资助金额,自己心里对政府和学校的感恩之情日积月累。感恩之情当涌泉相报!慢慢地,我开始尝试着参与大学中多彩缤纷的社会活动,其中大部分是志愿服务。我深知,作为学生,自己只能不断努力学习,全方面地发展自己、提高自己的能力,以后才可能去帮助别人,回报社会。尽管,现在的我仅仅可以参加各类志愿服务,但能尽自己的一份心力,也是回报的一个开端。就这样,我却成为了老师和同学眼中品学兼优的学生,他们都相信我可以凭借自己的努力,改变自己的生活条件。

自小而大,贫寒的出身使我从自卑逐渐变成奋发上进,在我心里,"贫困"二字代表的是两个完全不同的概念,"贫"指的是客观的经济等各方面的实际情况,而"困"代表的是自己面对穷苦身世的心理状态。我始终坚信自己展现的状态是"贫而不困",在不奢侈浪费的前提下,会注意自己的形象,力求穿衣整洁、脸面干净,也和家庭殷实的孩子一样聊着时髦的话题,了解相关的文化。

不过,我发现并不是所有贫困学子都和我一样。作为接受资助的贫困学子,我接触到大量同样来自贫困家庭的同学,他们进入大学之后感觉到自己格格不入,不能够很好地融入大学的学习与生活。深受政府和学校资助的我，怀着一颗感恩之心，选择利用自己作为贫困生的相关经历经验，尽自己的一份微薄力量帮助他们。

于是，大学生活动中心的学校资助中心多了一个协助老师为全校各院系贫困学生服务的身影，这个身影并不魁梧，并不潇洒，但是坚定、有力。

8月28日早上7点——

"你好，请问是办理学费缓交的？先到右边填单子。"

"你好，学校为贫困学子设置了免费的金钥匙计划课程，内容很丰富，你可以先了解一下，留意相关通知。"

开学两天，这两句话我不知道说了多少次，每说一次，每看着流露着好奇与忐忑的面容，我都会想起自己当时进入大学的懵懂状态，想起那时候自己花了多少精力才真正进入真正的大学生活。而现在，我只想将自己的感恩之情付诸行动，去帮助他们。

作为金钥匙课程的管理团队负责人之一，我会特意进行整理总结同学对课程的问题，与相对应的老师联系，得到答复后再告知同学；某些同学因为其他事无法上课，我会借来录音笔，录下内容再借老师讲义、学生笔记一起给未能上课的同学自学用。

大三的课程已经开始加重，时间显得紧促，但是我愿意竭尽全力帮助他们，宁愿自己的事情多压缩些时间来做。没有其他什么特别的原因，就是被点燃的那一颗感恩之心。

■ 以助人之行彰显存在

大学社团的工作生活丰富多彩，可以说是大多数人除了专业学习之外花费时间最多的事情，如果问，院里存在感最强的同学是谁，相信有很多人的答复会是重要社团的主要领导者。深知自己并不擅长服务性社团的管理，我便在社团选择留在校足协做裁判部长，做自己喜欢的裁判工作。当然，我同样希望自己能够和院里各届同学有更多的联系，更愿意以服务者、帮助者的身份被大家所认可接纳。

很多人会被形容为"助人为乐"，而我心里深深认定，"助人"远非别人遇到困难时的"雪中送炭"，抑或是简单的"倾囊相助"。这些虽多让人感激铭记，但都是一时之助，我更倾向做一位默默的助人者——担任新生班导、参与学习帮扶计划。

自从担任新生班导以来，我恪守着当时参与选拔时作出的承诺——尽自己的所有力量，引领新生尽快适应大学的学习生活，明确适合自己的奋斗方向和目标，不断督促与激励新生锻炼自己，全方面提升自我。

为考场里的新生送去耳机电池，让他们安心备考；陪新生聊至十点，结束后深夜完成自己的事情；帮新生一次次地修改展示文稿，提出论文改进意见……学院运动会，当我们班走过主席台，旁边的大一新生喊出了"最萌班导，刘常浩"的口号，我知道自己的付出得到了认可，也更加坚定了我内心默默助人的信念。

大学不限于学习方式，很多同学占用自习时间忙于其他事情，结果考试不理想，所修科目挂科。学校开展学生互助学习辅导帮扶计划，我主动报名参加，接下两位同学的辅导任务。固定的教室、固定的时间段，只要被帮助者有空，都会准时陪他们一起自习，为他们答疑解惑。近两个月的时间，五十余小时的辅导时长，两位同学顺利通过了重修、补考。公布成绩前，比起自己的成绩，我更加关心的是两位受助者的成绩。

■ 不忘初心

优秀学生有很多，优秀事迹更是不胜枚举，作为"三好学生"荣誉称号和国家奖学金的获得者，我知道，这不仅表明我的专业能力得到了老师和同学们的认可，更代表着心怀感恩的助人之行得到大家的赞同。相比前者,我更看重后者。我写这篇文章不是来颂扬事迹、自我夸赞的,只是想激励自我,不仅要品学兼优、成绩出色,更要懂得感恩、学会感恩并将之付诸助人的实际行动。

狄更斯曾说过,世界上能为别人减轻负担的都不是庸庸碌碌之徒。我的人生还很长,我愿不忘初心,心怀感恩,砥砺前行。

 黄珺

师长点评

刘常浩同学自入学以来,学习勤奋刻苦,积极进取向上,工作认真负责,生活勤俭本分,乐于奉献助人。综合大一、大二两学年情况,刘常浩同学学习成绩优秀,在学校、学院积极承担社会工作,兢兢业业,工作表现受到老师和同学的广为认可和赞誉。

土木工程学院教授　舒赣平

SUN Shiwei 孙师伟

■ 个人简介

男,汉族,1996年10月出生,共青团员,数学学院信息与计算科学专业2015级学生。曾获国家励志奖学金;社会实践校级三等奖、第四届全国学生军事训练营识图用图一等奖、电磁频谱管控一等奖、军事理论一等奖、捕俘拳以及军歌展示一等奖。

花谢花开

数学学院 孙师伟

这一年,我大三,坐在教二四楼的教室,望着窗外昏黄的路灯和夜幕里走走停停的行人,陷入了沉思。也许只有在夜幕掩映下,我才能安安静静地思考一下自己曾经走过的路。我想,这确实算不上一个逆袭的故事,因为此刻的自己还是不够优秀。但是它的意义却关乎东南时光和自我反思。故事开始于这一天……

■ 彷徨岁月,迷失自我

2015 年 8 月,带着所有人的祝福,我踏入了东南大学的大门,这对于我乃至整个家族而言都是史无前例的一件大事,所有人都明白从那样一个偏僻的小乡村走到校园之塔是多么光荣的一件事,于我自己而言更是如此。十几年磨一剑,此刻的我也终于成为了一把利刃。我满怀兴奋与好奇走在东大的校园,豪情满志地对自己说:"要在这个大舞台上再次证明自己!"那一刻我走到图书馆旁的九曲桥,荷花正浓,一切都是那么美好,我的大学也在这样一个美好的盛夏拉开了序幕。

可是随着时间的推进,故事却出现了巨大的反转——大一这一年,竟让我难以启齿。大一刚开始,我就觉得时间还早,刚历经高考应该给自己一个好好休息的机会。可是心似平原放马,易放难收。我开始对学习不求甚解,得过且过,明明生活得百无聊赖却还骗自己平平淡淡才是真。那时候我常告诉自己:"别把大学过成高四。"看到别人忙碌地学习以及参加各种各样的活动便笑他们无知,何必活得这么累。那一年,是我所经历的最"舒服"的一年,也是我觉得最卑微的一年。表面上高傲冷眼地选择做一个过客,把理想都抛在脑后,与其说不去想,不如说是不想面对,不敢承认那样一个碌碌无为的人会是自己。

家人朋友都在羡慕我的象牙塔生活,可是他们所不知道的是,我最真实的生活竟会是那么迷茫。记得那一年冬天,寒风凛冽,我再一次经过九曲桥时,看到的只是一片残枝败叶,孤零零地瘫落在水面上,毫无生机。寒假开始,当我再次回到家乡,周围的人都好奇地询问我的大学生活,我编着言不由衷的谎话,把自己的大学生活形容得无比充实快乐。可是也许人只有在痛的时候才会认认真真地反省自己走过的路吧,当我看到大一学年的绩点的时候,我就在心里问自己,难道这就是我想要的生活吗?难道就真的这样破罐子破摔还无动于衷吗?那一年春节我过得无比煎熬。

■ 重拾梦想,砥砺前行

大一下学期刚开学,我就开始了一个全新的改变,可是改变的过程却没有想象中的那么容易。首先是学习,数学本身就是一门难懂的学科,这需要严格的逻辑思维能力以及超强的定力,大一缺的课让我在这个过程中备受煎熬。上课的时候我开始把位置向黑板前移动,开始放下手机专心去听老师讲课,也许这些都是作为一名学生应该去做的,可是这对于自己却感觉是久违的事。我开始每天去图书馆自习,以前的我根本无法想象那个一直坐到闭馆音乐响起才离开的人会是自己。我庆幸我骨子里是一个非常要强的人,我就是不相信自己像别人那样努力会不如别人。在这个过程中我从开始内心排斥数学到慢慢接受最后喜欢数学,开始喜欢那种安静思考的时刻,这让我觉得很有成就感。身边有很多"学霸",他们对于数学有着不一样的思考方式,我尝试着去了解他们的学习方式并借鉴。我想,那些比我优秀的人比我还努力,那么我还有什么资格逃避?

在生活里,我开始走出宿舍,在周末有时间的时候,我会出去转一转,感受外面不一样的世界。我也开始尝试阅读,在阅读书籍的过程中,我看待事情的角度有了变化,从那以后我再也没有丢掉这个习惯。最重要的是我开始跑步,每天晚上我都会绕学校跑 7 公里左右。一开始这让我很累,但是慢慢地我爱上了跑完步大汗淋漓的感觉,这不仅锻炼了我的毅力,最重要的是给后来的一件事打下了坚实的基础。就这样我坚持了一个学期,大一暑假的时候,我的成绩开始进入班级的中上等,尽管进步很慢但是却让我看到了希望。

大一暑假,我自己组建了一个小分队开始做暑期实践活动——南京大学生微信平台调研。炎炎夏日,我们一行五人辗转了各个学校进行问卷调查。尤其记得第一次去南京航空航天大学发问卷的那天,天空突然下起了瓢泼大雨,我们只有躲在南航的食堂进行活动。可是他们正处于考试周,很多时候他们都不愿意配合,即使配合也大都不情愿,这让身处异校的我们感到难堪。就这样,我们煎熬了一个上午,才得到了 100 份问卷。后来我们去了南京邮电大学和南京财经大学等高校,也对一些同学以及老师进行了采访,过程同样艰辛,很多次都有放弃的念头。但一想到自己是组长,便觉得放弃不可轻言。经过一个暑假的努力和论文无数次的修改,最终我们得到了优秀社会实践项目,并获得了校级三等奖,那一次"千难万难"收益匪浅,自己的实践能力以及组织领导能力都得到了锻炼。我相信,此刻你所有的努力,最后都能得到相应的回报,只是可能会以一个意想不到的方式和时间出现。

圆梦"军旅",再遇花开

大一这一年,我不断努力想去参军,想去部队体验两年,所以拼命锻炼身体,可是久经波折之后却因身体原因被迫放弃梦想。那时候我以为此前所做的所有努力都白费了,内心有诸多不甘,直到遇到了由中央教育部以及中央国防动员部联合举办的第四届全国学生军事训练营。

于是大二结束前,我报名参加了全国学生军事训练营的初选,这一次选拔要在整个江苏省范围内选拔出 12 名同学接受复选。开始的时候自己并没有抱太大希望,只是努力去做。在最后一项 5 000 米测试中,我跑到终点时已经站不起来了。结束测试时,我独自一人来到了南京信息职业技术学院的荷塘前,安静地坐在椅子上,插着耳机听着音乐,夕阳西下,看着满塘盛开的荷花,内心有说不出的感动。"已经坚持跑完全程这就够了,"我想,"也许我只是一个过客,但至少我努力过。"在最后公布结果时,我竟以综合成绩第二进入了复选,这完全出乎我的意料。

复选随之到来。7 月 8 日,在所有人都放假回家之后,我们通过初选的 12 个人来到了南信院接受长达 21 天的训练选拔。这一次要在 12 个人中选拔出 8 个参加最后的全国训练营活动。我们接受严格的军事化管理,室外温度三十八九摄氏度,我们却要全副武装穿梭在丛林中进行识图用图训练以及电磁频谱管控的训练,有人在训练中晕倒或者被蚊虫叮咬,有人掉到深沟全身湿透,每一天我们都在奔跑,每一刻我们都在与高温酷暑做斗争,识图用图、电磁频谱管控、军体拳、军事理论、战场救护、核生化防护、才艺训练以及野外拉练……我都一一坚持下来,最终又一次证明了自己,成为江苏省的 8 名正式成员代表之一,并担任队长参加全国学生军事训练营!

我们在伟大的军舰——83 戚继光舰上生活了一周,这一周,我见到了来自全国各个省队的成员,并与他们在海上举行了各种各样的活动,我的内心为祖国的强大而感动,为自己所站立的位置而自豪。后来我们辗转南京师范大学进行陆地营的活动,在陆地营的 7 天里,我们进行了各项考核,参观了陆地装甲部队以及陆航部队,体验了激光交互系统,进行了 10 公里徒步拉练,举行了精彩绝伦的联欢会。在那个暑假,我收获了我一生都值得纪念的一段岁月,认识了一群来自全国各地的优秀学生,在这个过程中,自己一点点战胜自己,一点点突破极限,在最后的考核中江苏队所有项目考核都是一等奖,最后总评第一! 这个成绩是对我们所有人的一个肯定,也是对所有教官和老师的一个交代。在此后的无数个日日夜夜中,我都深深地为自己所经历的那段光辉岁月感到无比自豪和骄傲。

■ 愿我所为,不负韶华

在大二这一学年,我的成绩又一次取得了巨大进步,在我们专业排名第五,并获得了国家励志奖学金以及国家助学金,这也是对自己的一个巨大肯定。此刻的自己已经完全脱掉了大一的稚嫩,不再迷茫,也不再彷徨,为自己的梦想执着奋斗着,无比热爱着此刻的生活与学习。这,应该就是成长吧!

这一年,我大三,九曲桥的荷花开了谢,谢了开。每一次走过那个地方,我的内心都感慨万千,花落花开见证了我从一个碌碌无为的无知少年成长为此刻对生活与学习都充满着热爱的自己。我平静地望着窗外,窗外不知何时飘起了小雨,在昏黄的灯光的映照下丝丝如缕,为这个校园增添了一丝优雅。关于自己的往昔也许已经告一段落,可是真正属于自己的大学故事才刚刚开始。我坚信,只要努力,一切不算太晚。

 蒋丽怡

孙师伟同学在学习上目标明确,勤奋刻苦,严谨好问,成绩名列前茅,在班级工作中热心为同学们服务,担任组织委员,任劳任怨。在课余时间,热爱读书和运动,积极参加课外实践活动。孙师伟在各个方面都很优秀,获得老师和同学们的好评,并且获得了国家励志奖学金等荣誉,我相信他在未来的学习、工作和生活中会更加出色和优秀的。

数学学院副教授　钟思佳

CHEN Fen 陈 芬

■ **个人简介**

女,汉族,1996年9月出生,共青团员,东南大学计算机科学与工程、软件学院软件工程专业2014级学生。曾获2016—2017学年国家励志奖学金;首届东南大学"互联网+"大学生创新创业大赛团队二等奖;2016—2017学年校"优秀青年志愿者"、2016年校"暑期社会实践优秀个人"等荣誉称号。

自强不息，厚德载物

计算机科学与工程学院、软件学院　陈　芬

临近毕业，回首三年的时光，有过欢笑，有过苦涩，有过坚定，也有过迷茫，而这些已经是逝去的青春激扬的岁月。现在，我依旧清楚地记得，三年前刚入校时，自己对这漫长的未知的大学生活充满了紧张与期待。从一开始面对偌大校园的无措，到现在穿梭在九龙湖的自如，一点一滴，我开始舍不得这片土地。在这里，我经历了太多成长，自己也从一个懵懂无知的高中生成长为可以独当一面的有为青年。

■ 学海奋进，不做轻言放弃的逃兵

学生的基本任务是学习，我把这句话铭记于心。高中时勤勤恳恳学习，奋斗了三年，挑灯夜读也是常态，最后进入了一所好大学，这便是我的高中记忆。步入大学后，我明白了学习不可松懈的道理，所以我依旧是课前预习课本，上课时认真听讲，跟随老师的步伐一点点理解、一点点学习，课后作业按时完成，期末复习时制订复习计划，认真细致地整理知识点，严格落实复习计划。这些操作流程好像与高中没有什么不同，但是结果却不如人愿，大一学年，我有两门课程濒临不及格，其他的很多课程也都是成绩平平，并不出类拔萃。

心理落差由此产生，自己也并没有沉迷玩乐而荒废学业，依旧是勤勤恳恳、循规蹈矩地学习，可为何结果如此？经历了一段时间的低迷，我开始反思这一学年的表现，于是问题一点点显现。最后的结论就是：学习效率低下,重点不突出,严重缺乏主动性。花了一个晚上预习的知识,不到半节课老师已讲解完毕;做出来的课程设计太过简单,毫无技术挑战;知识的获取渠道被局限在教材和课件上……大一是如此重要的一年,与别人相差近2的绩点令我一筹莫展,我想我能做的就是尽全力补救。

大二开始,我便调整计划,预习、写作业、做实验、复习等,我都会定下一定的时间,绝不拖拉,以此慢慢提高学习效率。此外,课余时间多多补充新的知识,多多关注专业领域的新变化、新方向、新技术,也学习非计算机相关的知识,扩展知识的宽度,追求知识的深度。日积月累,自然见成效,大二、大三学年,我的课程分数都是优异或者良好,也曾获得课程奖,能与同学一起组队开发项目,能将自己掌握的技术分享给同学……这些不是可炫耀的资本,但都是不放弃、努力付出得到回报的证明。千里之行,始于足下,懂得规划、坚持不放弃、日积月累,就能造就每一位优秀的人才。

■ 志愿于行,展现青年奉献精神

大学伊始,百团大战打得火热,同学们都纷纷报名多个社团,校学生会、校团委、学团联三足鼎立,还有各学院下也有相应的学生会、科协、青协等组织期待着新鲜血液的加入。当时,我顺利进入了学院青年协会。我是一个热情而细致的人,如果能帮助到他人,甚至是树立榜样,我倍感荣幸。

我参加过许多志愿活动,一方面深入实践能多方面了解社会,一方面我希望通过更有效的方式来解决某些棘手的问题,从根本上帮助有需要的人。第一次接触真正社会形式的志愿活动是南京中山陵博爱志愿服务活动,每个月的某一个周六,我总是踏着九龙湖校区第一缕阳光,乘坐地铁来到中山陵,在博爱广场支起桌椅,为这里的游客解答问题。有时我会去灵堂维护秩序,守护孙中山先生的安灵,我在这里看到了历史的变迁,看到了人类文明的进步,也在这里传递着祖祖辈辈传下的美德。同时,我还参加了院青协与唐仲英爱心社合作的南京南站志愿服务活动。南站客流量很大,有来自社会各个行业的人们，这次志愿服务活动让归家的农民工可以感受到这座城市的文明，让海外的留学生可以感受到一片温暖的异国他乡，也为小朋友们树立了服务社会、服务文明的榜样，而于我而言，也是对自己作为当代大学生的肯定。学期末我收到了唐仲英爱心社颁发的优秀志愿者证书，这无疑也是对我工作的肯定。

最让我感动的还是南京溧水桑园蒲小学和江宁特殊教育小学的支教活动。在桑园蒲小学里面，我做老师，给他们上课，他们认真地听我讲"二十四孝"的模样让我觉得温暖；我做助教，带领他们上一节体育课，踢球时那片小操场上洋溢的欢声笑语令我难忘；我做演员，给他们办一场只能在电视上才能看到的"六一"晚会和元旦晚会，我努力演好小品，他们努力歌舞，大家的笑声交织在一起，这是那个村庄里最美的时光。这里，会有孩子说，哥哥姐姐，我以后要到东南大学去找你们。是啊，我是真的给他们带去了希望！原来，希望的种子就这么悄无声息地传播着。更加难忘的莫过于江宁特殊教育小学孩子们脸上挂着的天使般的笑容，曾经，在支教协会和心理健康协会的组织下，我学习手语，去往江宁特殊教育小学陪伴那里的孩子们。他们大多数在认知和语言上有一些障碍，我耐心地与他们交流，近距离与他们接触，教他们做手工叠爱心卡，他们叠得并不算整齐，甚至是叠得很慢，当他们把叠好的爱心卡送给照顾他们的老师和志愿者哥哥姐姐们的时候，我的眼泪再也控制不住地往下流。他们都是折翼的天使啊，我想让他们感受到社会的温暖，看到世界每一天的美丽，他们并不是上帝的弃儿，而是需要大家去爱护的天使。我很庆幸自己有机会去到那里，这让我更加坚定了自己的脚步。

这些真实的体验，这些直击心灵的感触，这些难以忘怀的画面，让我坚信每个人的力量都可以如此强大，我也可以创造这么大的社会价值。此时此刻，任何的荣誉证书都不及这一刻的震撼所给予我的贴实的成就感。

■ 不忘初心，优秀干部初长成

大一加入院青协，我也只是一名普通的小干事，和其他众多干事一样，主要的工作就是参与每周例会、学习编写活动策划、带领志愿者们参与志愿活动……但也正是因为有了这一年的学习与积累，使得我在各方面的能力都有所提升。在大一结束之际，我幸运地留在青协，担任了组织副部一职，负责部门文化建设、工作记录、财务报销等工作，稳扎稳打地积累了不少工作经验。

我总希望通过一些志愿活动帮助大学生更直接地接触社会，深入社会实践，也通过这些活动将文明、美德进行传播，所以我在最后一年选择继续留在青协。非常感谢学院领导、老师和同学们的信任，让我担任青协主席一职。肩上的担子很重，我必须有足够的信心带领优秀的部长、部员们把这个组织建设好，无论是与学院领导、老师交流发展计划和项目动态，还是与部长们开会商讨活动策划与文化建设，我都会全身心投入，积极发表看法，分享有用的经验，而大家的努力与付出也得到了丰厚的回报——顺利挂牌志愿服务基地，报名活动的志愿者人数不断增加，志愿服务的质量不断提高，活动的形式也在丰富，外部交流与合作不断扩大……其中最让我感到自豪与骄傲的就是地质博物馆（简称"地博"）顺利挂牌志愿服务基地。

依旧清楚地记得，地博挂牌困难重重。一开始是与地博负责老师协商挂牌事宜，早在2016年的时候，我们就申请挂牌南京地质博物馆，因为我们清楚地看到在地博开展志愿服务的这些年，微笑讲解团的志愿者们表现优异，对志愿服务工作始终保持着高度的责任心和满腔的热情，无论何时都展现着东大学生至善青年的精气神。经历了一年的考核期，我们终于洽谈成功，获得了地质博物馆方老师的认可，最后商定在地质博物馆大厅举行挂牌仪式。走到这一步已属不易，一场全新的挂牌仪式令我们无比激动又倍感压力，得知消息之后我便组织部长们开会商讨挂牌事宜——策划挂牌仪式流程、确认双方出席的领导、老师及发表讲话的优秀志愿者、实地考察策划会场布置、设计挂牌与横幅、置办所需物资、确保人员安全等等，我们认真细致地商量着一切细节，不敢有丝毫的懈怠，主席团也是时刻关注着活动的最新动态。我们积极联系，诚挚地邀请学院领导老师、校志工部的负责老师以及参加过微笑讲解团活动的优秀志愿者参与此次活动。我们认真细致,晚自习后在梅八的友善小屋一遍一遍过流程以确保活动顺利举行。一度我们也因活动改期、联系不到社会媒体而苦恼,但是在大家的坚持与努力下,我们克服了一切大的小的困难,最后终于在5月7日这一天顺利挂牌南京地质博物馆。大家的优秀表现让我看到,我所带领的这个团队是积极向上、认真负责、能力出众的一群人,我为他们感到骄傲,也为自己感到欣慰。

我感谢自己遇到的人,经历的事,是他们帮助我成为优秀的人,我也将不断勉励自己,继续前行,不忘初心。

"止于至善"的校训我始终铭记于心,我也坚信无论何时何地,我都能自立自强,脚踏实地,认真做人,认真做事,积极投入志愿事业的建设中,捧一颗赤诚的心去谱写一段段人生华章。

 张文青

陈芬同学是一位品学兼优的好学生,致力于青年志愿者服务工作,在担任学院青协主席期间,组织开展了多项志愿服务活动,其中包括"中山陵志愿服务""南京地质博物馆微笑讲解团服务"等,志愿服务涵盖全校近千名学生,得到了校内外的一致好评。在2016年年底,陈芬同学凭借自己在志愿服务工作上的奉献,荣获了首批校级"优秀青年志愿者"称号,成为了全院同学志愿服务工作的标杆。

计算机科学与工程、软件学院团委书记　魏敏娜

XU Wanlin 徐婉琳

■ 个人简介

女,汉族,1997年10月出生,中共预备党员,化学化工学院化学工程与工艺专业2015级学生。曾获国家励志奖学金,东南大学唐仲英德育奖学金,东南大学教育基金会奖学金;社会工作优秀奖;东南大学"三好学生""优秀团员"等荣誉称号。

梦在心中，路在脚下

化学化工学院　徐婉琳

作为一名来自农村的学生，我深知唯有努力学习、提升自我，才能改变家庭状况，让父母不再为我操劳，让他们在未来可以安享晚年。作为一名长期受国家资助的学生，我也深深地意识到，唯有提升自我、自立自强、勤俭节约、服务社会、奉献爱心，做一个对国家对社会有用的人，才能对得起国家的栽培，才能更好地回报社会。

■ 学习是第一要务

大学是让我们深入了解知识的地方。怀着对化学的热爱，我在高考报志愿时选择了化学化工学院。进入学校后，更是对化学产生了非常深厚的感情。

大一一年，我努力学习专业知识，大一总绩点 3.20，院系排名 14/66。但我深知这个成绩远远不够，因为比我优秀的人有太多太多。大二一年，我努力学习，认真听讲，2016—2017 学年绩点 3.922，专业排名 5/24，两年累计绩点 3.545，专业排名 3/24。

我积极参与课外研学活动，并且努力从实践中向学长学姐们学习更多的知识。目前有一个校级 SRTP 项目结题与一个省级 SRTP 项目在进行。在实验过程中，研究生学长给了我很大帮助，耐心地教会我许多实验知识，导师也给了我很大帮助。虽然每周都要在繁忙的学业中抽出时间去实验室,虽然很繁忙,但我也因此得到了许多课本上没有的知识,丰富了自己的阅历。

俗话说,勤能补拙。竞争是激烈的,唯有勤才能学有所获,才能不断进步。如果说,科学上的发现有什么偶然的机遇的话,那么这种"偶然的机遇"只能给那些学有素养的人,给那些善于独立思考的人,给那些具有锲而不舍精神的人,而我就是要成为那样的人!

■ 参与活动,锻炼合作与组织能力

在大学,我觉得除了要提高专业知识素养外,还要培养自己的团结协作能力与组织能力。大学时间很短,我们要学会在有限的时间内,尽最大努力去全方位地提升自己,做到最好的自己,敢于面对不同的挑战,尝试扮演不同的"角色"。

大一,我作为班里的心理委员,独自组织了名为"防艾同伴教育"的活动,旨在向班里同学普及预防艾滋病的知识,并因此获得"优秀心理委员"的称号。我还加入了东南大学唐仲英爱心社,作为外联部的一名干事,我学会了很多东西,并且参与了由学生处主办、唐社承办的采访老教授活动。作为采访人员,采访了东南大学图书馆前馆长朱斐老师。大一下学期作为清水亭活动负责人,负责联系殷巷附近的清水亭学校竹山分校。

大二,我担任190162班班指导,为新生在学习、生活方面提供帮助;在东南大学青少年红十字会担任秘书部部长一职,首次提出实施积分制来管理红会干事及会员;担任东南大学唐仲英爱心社小唐组的组长,负责管理组内其余22人的一些事务,参与组织唐社大四欢送会,并取得不错反响。虽然没在班级内担任职务,但是我依旧关心同学,积极参与班内活动,个人行为规范连续两年为甲,被评为"2016—2017学年东南大学三好学生"。

目前,我担任东南大学化学化工学院共青团总支部委员会副书记,东南大学化学化工学院学生助管,191151班心理委员。虽然工作有时会很繁忙，但也很充实，并且我在这充实的生活中也锻炼了许多技能。

大学就是一个小社会。只有不断挑战自我，锻炼能力，才能让自己的大学生活不被浪费。人活着，不能虚度每一寸光阴。我想我会一直行走在锻炼自我、提升自我的路上。在活动中，我还交到了许多志同道合的小伙伴，我们来自不同的地方，却有着共同的信仰，坚决不虚度大学时光！梦在心中，并且路一直在脚下！

■ 服务社会，奉献爱心

作为一名受国家资助的大学生，我一直在用我的实际行动做一些力所能及的事来回报社会，感恩社会。

大一，累计参加南京南站地铁志愿者7次，并于大一上学期在唐仲英爱心社的组织下，与清水亭初一女生组成一对一免费家教组，为初中学生补习知识。累计参加清水亭学校课外兴趣培养6次，参与江苏省红十字会献血宣传志愿者1次，参与校内急救小分队活动数次。

在大一结束的暑期，与其他院系的小伙伴一起去四川省绵阳市三台县玉林乡玉林小学进行为期半月的暑期短期支教活动。教育，对儿童的成长、成熟都起到关键性作用，儿童对世界、对科学、对社会的最初认知主要来自于家长和学校。玉林小学的学生大多为留守儿童，父母外出打工，难以经常陪伴，所以这里的老师不但教授知识，还要充当父母的角色关爱这些孩子。我们来到这里，与其用"支教"一词，不如用"满怀热情的夏令营"来形容。全国这样的学校何其多，留守的儿童何其多，能来到这里体验一次为人师、为人长的经历，着实是幸运的。或许，半个月的教学难以教授给他们太多的知识，但是，我们的到来，更多的目的是让他们看到山外面的世界，让他们产生一种"天地广阔，值得一看"的感觉，而不是成为井底之蛙，只看到眼中的这一方田地。尽管我们生活得无比艰苦，但能够为孩子们带来希望还是很开心的。

大二，我光荣地成为江宁二院的义工，在空闲的周末去看望精神病人，为他们包饺子、剃胡须、理发，陪他们下棋。我感触最深的，就是和一位叔叔下飞行棋。他耐心地教我规则，我走的时候，感到特别不舍，他们已经是弱势群体，为什么我们还要用"疯子""傻子"这样的话来侮辱他们呢？他们只能被禁锢在小小的空间里，他们比我们更渴望温暖，渴望自由。

目前，我已经是一名大三学生，虽然学业繁忙，但我依旧会去做志愿者，用自己绵薄的力量来帮助他人。

服务社会，奉献爱心，薪火相传，推己及人，我相信我会在这条路上一直走下去。人的价值在奉献中得以升华，只有懂得奉献，关注公益事业，在社会实践中贡献自己的力量，人生才得以完整。

■ 勤俭节约，自立自强

我出生在农村，母亲自我记事以来就常年吃药，父亲在外打工，常年不回家。记得小时候，即使是过年，也见不到父亲的身影。因此，我从小就懂得花钱容易赚钱难，所以生活勤俭朴素，不乱花一分钱，不与人攀比。

我清楚地知道每年的学费和生活费对家里来说是不小的负担，所以平时要求自己努力学习争取每年拿到奖学金，并且课余时间勤工俭学，做兼职等，这不仅减少了家里负担，还增加了社会经验。

大二暑假，我在一家房地产销售公司实习。在三河融创房地产公司的实习生活，使我收获颇深：我学会了在工作中与同事和谐共处，互帮互助；学会与不同阶层的客户聊天、交谈与合作，并且从与客户的交谈中，我更加意识到高等人才对国家对社会的重要性，也更加坚定了我读研的决心。

我一直秉承勤俭节约的优良作风，不与他人攀比，不感自卑，逐渐养成了一种吃苦耐劳的精神，并且也学会了一些与人相处的原则和道理。这些都将会成为我以后走上社会与工作岗位的基石和铺垫，由此我感激大学给了我这些难能可贵的机遇。

■ 心怀责任，创造未来

作为一名大学生，祖国的栋梁之才，我清楚地意识到，我们身上肩负着把祖国的未来建设得更加美好的责任。作为一名中共预备党员，我一直在努力学习科学文化知识，提高自身文化素质，做好各项工作，为同学服务，不断向党组织靠拢！作为一名长期受国家资助的学生，我更加明白，感恩社会，最好的方法就是用自己学到的知识，通过自己的努力，为国家、为社会服务！

作为子女，我们有责任赡养父母；但是，作为中华儿女，我们更有责任为祖国的未来添砖加瓦。已经大三的我，对自己的未来早已有了明确的规划，并在为之不懈奋斗！

未来把握在自己手中，我们只能靠自己创造！梦在心中，路在脚下。大学时光是美好的，我会努力做到，在最美的时光，遇见最好的自己。

 陈 嘉

师长点评

徐婉琳同学是一个性格开朗、勤奋、能吃苦、有上进心和责任心的学生，平时严格要求自己，课余时间积极参加和组织学生活动，工作认真负责，并主动参加各种志愿服务活动，非常具有爱心。我认为她是一名很有培养前途的学生，相信她在本科阶段所得到的各方面锻炼一定会有利于她未来的深造。

化学化工学院教授　谢一兵

YANG Yiyu 阳怡羽

■ 个人简介

女，汉族，1998年8月出生，共青团员，医学院临床医学（本硕连读）专业2016级本科生。曾获国家励志奖学金、爱心助学金。

雪绒花

医学院　阳怡羽

"雪绒花,雪绒花,小而白,洁而亮,永远开花生长。"神秘洁白的雪绒花生长在高山岩石表面,如从天而降的精灵散落在绿叶中,为世人所惊叹。我希望自己能够像雪绒花一般,生长环境艰苦但仍然努力绽放,积极迎接人生的挑战,实现自我价值。

■ 梦起花落

我出生于重庆,2008年汶川大地震,那次地震在我的家乡也引起过多次余震,我对天灾最初的印象便是那时,地震的各种实时报道在当地引起了轩然大波。记忆中,那时的汶川生灵涂炭、满目苍夷,但在混乱又绝望的环境中,一身身橄榄绿衣外加橘黄色马甲的解放军叔叔让我倍感安心。他们,坚韧、可靠、充满生机,从不放弃希望,像雪绒花一般,直到今天我仍然记得那些身影。从那一刻起,成为一名光荣的军人便成了我内心最向往的梦想。

为了实现自己的梦想,考上军校,从初中我就开始不断训练自己的体能,希望通过运动促进体质的增强,从高一开始系统地学习跆拳道,放假期间也严格规划自己的作息,按时参加训练;另一方面,努力学习文化知识,从初中到高中,成绩一直名列前茅,最终高考取得655分的成绩。

但是由于自身身高等客观原因,看着志愿书上的军检标准,即使满腹的不甘心,也不得不放弃成为一名军人。

风雨彩虹

然而梦想在那一刻并没有熄灭,因为儿时的记忆中,除了那片橄榄绿,还有同样坚定可靠,给人希望的白大褂,他们奔波于灾难现场,不怕余震的再次来临,冒险从死神手中挽救生命,英勇凛然,他们都如我心中的雪绒花一般,勇敢、神圣、从不放弃。他们都是在用自己的方式保护和救助人们。

我希望自己能成为他们中的一员,和病魔战斗,保护自己的病人,成为正义的使者,成为像雪绒花一样坚定勇敢的战士。于是,做一名优秀的、正义的医生,成了我心中梦想的延续。

高考志愿填报时,我将临床医学作为我的第一志愿。当收到东南大学临床医学(本硕连读)专业录取通知书时,兴奋激动之情溢于言表,我终于离梦想更近了一步。

但是,通知书上昂贵的学杂费对于我的家庭状况来说无异于一道晴天霹雳,突然间震醒了我。我发现自己在填报志愿的时候,独独没有考虑自己的家庭情况:妈妈因为每况愈下的身体,没有稳定的工作收入,爸爸十多年来在外奔波劳累,每年和我们仅能团聚两次,爷爷耄耋的年纪和积压的老年病,奶奶去年暑假突然查出宫颈癌,一直医院和家里两头跑。我一时有一些迷茫和一丝灰心。

然而就在这个时候,政府帮扶中心知道我的情况后,帮我们家建档立卡,给我"金秋助学"的资助,解决了我的燃眉之急。上大学之后,学校更是有专门的助学金帮助我们解决经济上的困难,还有时不时的金钥匙课程和其他活动,帮助我们培养多方面的能力,给我们更多的机会去改善自己的不足,去完成梦想。这些事情总让我感觉温暖和希望,让我时刻感受到,我不是一个人。我想要更努力,想要成为一个更好的人,因为不想辜负一直默默关心、支持、帮助我的人,因为更想成为一个能帮助他人、对社会有用的人。

风雨后总能见到彩虹,就像高山上凌峰而立的雪绒花。

■ 新帆启航

录取通知书带来的兴奋又期待的心情持续了一整个暑假,怀揣着梦想和希望,带着大家对我的爱,开启了我的大学生活。第一次见到大的走不到尽头的校园,整齐的建筑格式透露着庄严,我心潮澎湃,却很快意识到了自己的问题。大学有各类社团和团体,但也有各种层出不穷的面试。同学们都曾经是班级的佼佼者,而我并未有什么突出的地方,没做过班干部,不善言辞,更谈不上有能展示自我的特长。

我迷茫却不放弃,因为我不想让自己后悔,也不想让身后那些总是在默默关心我、鼓励我、支持我的人失望。我相信每个人都有自己的潜能,有不适合我的,但总有适合我的。大学的活动丰富多彩,只要自信、坚持、上进,就有机会收获像雪绒花一样的美丽!我重拾信心,积极进取,不断地尝试,挑战新的自己,其中遇到过失败和挫折,但我更享受经历的每个努力的过程,我喜欢这种不断成长的感觉。

于是我开始了忙忙碌碌,开始有意识地通过学校专门为贫困生提供的金钥匙等课程来提高自己各方面的能力,向身边的每一个人学习,吸取他们的优点,正视自己的缺点。青春是人生最美好的时候,青春需要激情,需要尽情的舞动,发挥自己的潜能。趁着年轻多做一些积极有意义的事,希望某一天我也可以有能力、有机会去帮助像我一样需要帮助的人,回馈曾经帮助过我的每一个人。

进入大学一年,我不禁感谢这些日子的经历,也欣慰于自己一年的努力,仿若看见了高山上露出美丽微笑的雪绒花。

目前还是一位学生的我能做的更多的就是不断学习。我深知作为一名医学生,当选择学医的那一刻起,就知道这是一条漫长的、艰辛的、需要终身学习的道路。在这条路上,要想成为一名卓越的医生,需要付出更多。我现在学习的每一点知识,都是我以后与病魔战斗的武器。我总是敦促自己要力争上游,争取进步,大一首修绩点3.657,专业排名前10%,获得了国家励志奖学金,这是对我一直以来努力的认可。

进入大学后的我在待人处事方面也更加稳重,不懈怠,不放松,时刻铭记自己身为共青团团员的身份,严格要求自己,热爱祖国,树立正确的人生观、世界观、价值观,争取在各方面做到最好。一入学,我便提交了入党申请书,我希望能成为一名光荣的共产党员,为国为党献出自己的力量。

在学习之外,虽然自己家庭条件不好,但我也想尽己所能,通过自己的能力为这个社会去做点事情。也许因为自己的经历,更能明白现在可以坐在课堂上认真学习的自己不光是自己努力的结果,所以更能体会他人的感受。

我见过由参加支教的学长学姐拍摄的山区孩子的照片视频,看见过他们艰难的生活环境和苦难中渴求知识的眼睛,这些都使我动容,于是我参加了公益跑等支援山区孩子的活动,希望以微薄之力帮助他们。我在医院见过因为没有足够的血液而抢救无效的病人,见过家属撕心裂肺想要献出自己的血却无能为力的绝望,当听说学校组织无偿献血的时候,我第一时间毫不犹豫地报了名。大二初到丁家桥校区,中大医院就在学校旁边,我利用课余时间积极承担中大医院导医志愿者工作,虽然志愿服务时在医院一站就是一上午,尽管有时会遇上一些难以沟通的病患或者家属,但看着更多心怀希望的病人,看见他们在医院进进出出恢复健康,我体会更多的是作为医学生的使命感,并立志要成为一名让病人重获健康和笑容的医生。

大一我加入了医学院学生会秘书部,完成了多项文书撰写工作,更是第一次亲自组织并参与院系大型跨年晚会,虽然过程很累,但是看到在晚会炫目灯光里大家发自内心的笑容时,我觉得一切都是那么美好,那么有意义。我还参加了截拳道社和武术队,每周坚持训练,锻炼身体,寒暑不辍,因为我知道,一个好的医生离不开一个强健的体魄。

大一暑假期间,我和几个同学一起申报了暑期社会实践项目,并成功立项为校级重点团队,同时获得了校团委的资助,最后以优异的成绩通过答辩,给这次实践活动和美好回忆画下了完美的句号。

■ 展望未来

我不知道世界上有没有天才,但我愿成为一名"地才",脚踏实地,不怕困难,努力实现自己的梦想,完成美丽的蜕变,犹如高山上洁白盛开的雪绒花。

在逆境中,坚信理想而不随意抛弃,心中有梦而不轻言放弃。求学路上我的脚步会厚重而踏实,因为,我知道背后有父母无声的支持,还有无数双手在给予我帮助,无数颗心给予我鼓励和爱。然而,再多的心声,终当化作点点滴滴的实际行动,融入学习、生活,做有益于他人、有利于社会、有利于国家的人。曾经的挫折给了我更坚定的信念:立志成才,帮助他人,创造真正的社会价值。我会一直真诚地努力上进,去完成梦想,成为一名优秀的医生,去帮助更多遇到困难的人。请相信,经历过磨难的我,沐浴着爱的阳光的我,会更加努力地变成更好的自己,坚定地将这份爱心永远传递下去,来感谢和回报社会对我的恩情。

我志愿献身医学,竭尽全力除人类之病痛,助健康之完美,救死扶伤,不辞艰辛,执着追求,为祖国医药卫生事业的发展和人类健康奋斗终生。我告诉自己,我要像雪绒花一样活着,即使身处悬崖峭壁,依然自信、勇敢地盛开。

 王 琳

"健康所系,性命相托。"良医之功,非唯救死扶伤,深远处实可保民拯家,护才佑国。救一丁男,则童有其父,翁有其子,妇有其夫,室有其主,家有其幸!救一义警一名师一清正官员,则民多安保,生多良诲,国多栋梁,推广延展,受益弥彰!怡羽之志,虽初立而弥坚;怡羽之学,虽始入而益深。医途修远,杏坛高寒,持志勤攀,执锐笃前!

医学院党委副书记兼副院长　程　斌

师长点评

周苗苗
ZHOU Miaomiao

■ 个人简介

男,汉族,1994年10月生,共青团员,东南大学无锡分校信息工程专业14级本科生,先后获三菱电机奖学金、美国数学建模大赛国际级二等奖、东南大学校级"三好学生"等荣誉称号。

有一种奋斗叫自强不息

无锡分校　周苗苗

《周易》云：天行健，君子以自强不息。"天行健，君子以自强不息"意谓：天的运动刚强劲健，相应于此，君子处世，应像天一样，自我力求进步，刚毅坚卓，发愤图强，永不停息。梁启超曾在清华大学作过演讲，他在演讲中引用了"自强不息"等话语。此后"自强不息，厚德载物"也成为清华校规。这无疑告诉我们：若想进步，必先自强。

■ 有一种生活叫别无选择

我来自四川省广安市广安区方坪乡朝阳村，我们县是国家级贫困县，而我们村又是我们县里发展较为落后的村庄。我的家庭一共有四口人，父亲小学文化，母亲初中文化。父亲在2008年春节期间，由于车祸导致腿部残疾，被评为二级伤残。母亲由于劳累患上类风湿性关节炎，离不开药物止痛，如今父母亲在家务农。哥哥在初中时便辍学开始打工，作为地道的农民工，收入极不稳定，一年总是奔走于各个地方找工作，但工期却都不长。如今哥哥26岁，农村已经快过最佳婚配年龄，但仍然未婚。我大学期间的学费及住宿费，大部分依靠生源地助学贷款解决，目前生源地助学贷款金额累计二万八千元，这都将等到毕业工作以后去一一偿还。

虽然这些现状都别无选择，但是我坚信自己的未来可以通过自己的努力来改变。贫困的家庭现状时刻在提醒我，你的家庭不容许你在大学里荒度光阴，它能且只能给你一次获取知识、改变命运的机会。为此早出晚归逐渐成了我的学习习惯。室友总会问："你每天就睡那么几个小时，为什么第二天仍然有那么旺盛的精神力啊？你不会感到累吗？"我总会一笑而过。虽然我也想让自己的大学生活慢一点，让自己不那么紧绷绷。但是，我并不敢，因为我怕一旦慢了下来就再也快不起来了，我怕自己永远陷在了暂时的安逸之中。因此我不得不让自己每天都像打了鸡血一样，不管昨天怎么劳累，第二天都要满血复活似地继续下去。因为我只有这一次机会，除了奋斗，我别无选择。

■ 有一种学习叫止于至善

作为东大人，对《礼记》最熟悉的一句话，必定是"大学之道，在明明德，在亲民，在止于至善"。这句话伴随着每个东大人的整个大学生涯，它为我们找到了为人处世的标准。"止于至善"，作为东大的百年校训，熏陶着每一代的东大人谨守克己，追求卓越，至爱至诚，升华自我。

"止于至善"是一种思想态度也是一种行为准则。记得一位英语老师说过，东大和南大的一个明显区别是，上课前东大的学生是急匆匆地跑向教室，而南大的学生则是漫步走向教室，这不仅体现了不同的校园文化，也突显了东大严于学习的风气。这种风气影响着一代又一代的东大人，当然，我也是其中受益者之一。自认为我是一个不算聪明的学生，体现在高数上就是我经常会有搞不懂的地方，因此，每堂高数课下课，我必然会追着高数老师问个通透。久而久之，每次高数下课，老师都会留在讲台，继续为不懂的同学解决问题。后来我才知道，为了给我们解答，高数周老师每次都会错过第一班校车，为此我感到深深的愧疚与感动。

都说兴趣是最好的老师,根据自己的亲身经历,对此我深信不疑。进入大学的第一个身份是预防医学的医学生。说到这个身份的来由,是在高考志愿填报的时候,父母均认为医生好就业、稳定,极力要求我成为一名医生,再加上高中时我崇尚医生治病救人的伟大,想象着自己成为医生的美好,因此以预防医学为第一志愿进入东南大学。但是,现实始终有你没有想到的阻碍存在,最大的问题在于我只想到了成为医生的美好,却忘记了成为一名好医生的困难。其一在于医学生的培养时间过于漫长;其二在于自身并没有理解到医学生对于记忆能力的要求。在真实接触到医学知识后,我却发现自己对医学并没有过多的兴趣,更觉得自己是为了学习而学习,没有那种停不下来的冲动。这些使得自己把转系列为了第一方向。

转系是困难的,因为它不仅要求你要学好原专业的课程知识,还要求你学习其他方向的课程。那个时间段的我,恨不得把一天当作两天用,因为我总有那么多的不理解,需要我去弄明白,也正是那个时候,我第一次听说了通宵自习室的存在,左边第三排,那个位置现在依旧那么清晰。还有另外的困难,就是大学花样生活的诱惑,当你的室友们都在玩游戏,都在看电影,而你却独自一人在学习的时候,是最难熬的,逐渐这种难熬会变成孤独,动摇着你当初的决心。现在看来,当时的我心智还是足够坚定的,这一年加一个暑假,让我收获的不仅仅是成功转系,也让自己的毅力得到了升华。

文化理论知识固然是大学学习中最重要的一部分,但"实践是检验真理的唯一标准",实践实验也是不可或缺的一部分。数学建模暑假培训时,三天一个赛题的持续训练,让我从无到有,一点点地重新认识了数学建模,总给我一种世界任何事情都能用数学通过建模来构建的感觉。小组队员间对于一个问题的讨论、争吵、分配、和好谦让彼此的默契都在升华,一路一直走到美赛。在美赛中，由于前面的想法错误，再加上时间原因，让团队一度想要弃赛，正是那种由校赛、国赛一直到美赛走过来的默契与信任，让彼此安慰着说："都已经到这了，咱们就拼一次吧，万一能行呢？"在把前面全部推翻的情况下重新再来，后来算了算，美赛真正的时间只有那一个下午加一个晚上时间。正是那种止于至善、不放弃的精神让我们共同得到了美赛二等奖的成绩。也正是这种精神时刻督促着我以追求卓越的心，让自己变得更好。

■ 有一种态度叫自强不息

"你改变不了环境，但你可以改变自己；你改变不了事实，但你可以改变态度；你改变不了过去，但你可以改变现在；你不能控制他人，但你可以掌握自己；你不能预知明天，但你可以把握今天；你不可以样样顺利，但你可以事事尽心；你不能延伸生命的长度，但你可以决定生命的宽度。"一个好的态度，能驱使着你变得更加强大，能够从里到外地影响着你。

我来自农村，知道父母的血汗钱来之不易，因此我一直践行勤俭节约的优良作风，让自己的花销都用在必要的地方。每天在寝室第一个起床已经成为习惯，要么读读课外书籍，要么就去晨练跑跑步，然后吃早餐。每个星期五都会吆喝着室友要么被室友吆喝着出去打篮球，这个时间段已经默认为寝室集体活动时间了，在篮球对战的激烈碰撞、运动中，让自己身体保持着强壮。严格的作息时间表、强大的自律意识，这便是我生活中自强的另类表现。

大学这几年的生活，给了我更多的锻炼机会，让我从实践中不断汲取成功的经验和失败的教训。与入学相比，今天的我更能沉着冷静地面对问题、分析问题、解决问题。大学也是我人生中极为重要的一个阶段，在这个阶段里，我的各个方面都将得到极大的进步，综合素质也将得到极大的提高。"不经一番寒彻骨,哪得梅花扑鼻香",对我来说,贫困既是一种磨炼,也是一种财富。因为贫困让我更早地理解了父母的不易,也让我懂得生活的艰辛。贫穷也让我明白了生活不是一种享受,而是一种责任,一种对家庭、对国家、对社会的责任。也正是贫困,让我更加深刻地明白了,"读书是人生中的一个捷径"的深刻含义与实际意义。

回顾大学三年多来,学到了很多,经历了很多,也成长了很多。感谢一路上给予我无限帮助、无尽鼓励的老师和同学们。"在漫长而又短暂的人生中,有许多苹果般鲜艳甜蜜的目标和愿望,要想使其梦想成真,只有脚踏实地,怀着执着的信念和力量去拼搏,去奋斗"。我清楚地知道未来的路还很漫长、很遥远,我将以更大的努力不断实现更高的目标,秉承"止于至善"的校训,让优秀成为一种习惯。

 何天宇

周苗苗同学就读期间,思想进步,生活勤俭,学习刻苦,积极参与竞赛,连续三年行为综合考核为甲,先后获得多项奖学金及竞赛奖,以及校"三好学生"称号。家庭的贫困,成为他努力拼搏的动力,他的自强努力鼓舞着身边同学。

信息科学与工程学院副教授　李连明

2017 / 东 / 南 / 大 / 学 / 优 / 秀 / 学 / 生 / 风 / 采 / 录

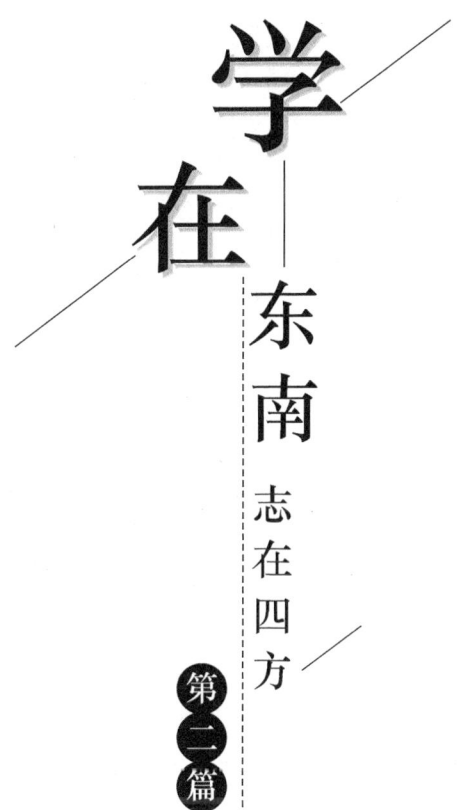

学在东南 志在四方

第二篇

董林滔
DONG Lintao

■ **个人简介**

男,汉族,1997年5月10日生,共青团员,江苏省南京市东南大学自动化学院2015级学生。曾获校长奖学金、学校课程奖学金若干;中国大学生计算机设计大赛全国二等奖、省级特等奖、校级二等奖,全国大学生机器人大赛ROBOMASTER全国三等奖,华东赛区一等奖,"华为杯"程序设计大赛校级二等奖,RoboCup校级三等奖;获东南大学"三好学生"等荣誉称号。

德才兼备，全面发展

自动化学院　董林滔

时光荏苒，日月如梭，转眼间大学的第三个年头已经到来。在过去的一学年里，我始终保持着积极向上的心态，以高标准要求自己。在学习的主旋律下，我妥善处理了学习、工作、生活、体育锻炼等各方面关系，做到了全面发展。

大学不仅是知识的殿堂，更是培养综合素质的摇篮。这里有莘莘学子不分昼夜地埋头耕读，这里有意气风发的青年为创业的梦想汇聚一堂，这里有才子佳人醉心于阳春白雪……一百个大学生，就有一百种对大学的理解。而我的大学，是笔耕不辍地学习专业知识，是在体育场上挥洒汗水，是感受文学大师的思想熏陶，是每个平凡的日日夜夜里与同学和朋友同舟共济的难忘岁月。在历练中成长，在挫折中迸发，大学使我从一个稚气未脱的少年锻炼成为思想成熟的新时代大学生。尽管遇到过困难，经历过幽暗的时光，但我始终不忘初衷，为做到自身的全面发展而不懈努力。

■ 思想——集思广益，心忧天下

我是个乐于思考、善于思考的"问题少年"。在这个信息发达的时代，信息传播变得低廉，人人都是自媒体。我们作为高素质的大学生，对于媒体和网络的各种言论一定要有自己的思考和立场，决不能人云亦云，随波逐流。在这个网络时代，有微信公众号的文章、知乎的睿智回答、澎湃、虎嗅、头条新闻，获取高质量的信息并不难，但我还是喜欢读各种纸质刊物。虽然九龙湖校区没有报刊亭，我还是坚持在学生自营的"松鼠书店"里订购《看天下 Vista》《南方周末》等杂志，毕竟网络信息太便宜，纸质杂志的文章整体质量会更高。此外，我会时常关注《中国青年报》的社论，紧跟舆论动向，思考社会热点时事，不做"两耳不闻窗外事，一心只读圣贤书"的"书呆子"。

在工科气氛浓郁的东大校园，还是有一股文学的清流在静静流淌。我时常会逛逛图书馆五楼的有丰文苑，就着傍晚的夕阳品一品文墨古香，在世界名著里粗略地窥探伟人的深邃思想。偶尔也会欣喜地发现身边的同学还难得地保有着文学情怀，我们便在紧张的实验课后提着工具箱相约在图书馆。

有一档网络节目我一直坚持看，是一档名为《鸿观》的以金融视角解读历史、评论时事、预测未来的财经节目。说是财经节目，但其内容极其丰富，军事、历史、人文、政事都有涵盖。主持人是《货币战争》的作者宋鸿兵老师。每当"货币，一贵一贱，正面绽放鲜艳，背面流淌鲜血；战争，一生一火，只能虽远必诛，不可虽败犹荣；历史，一左一右，来路不只一边，未来不只明天"的开场白响起，我都会心潮澎湃，眼前闪过风云变幻、跌宕起伏的历史画面，不由引起万般遐思。

■ 学习——不忘初衷，敢为人先

在专业知识的学习上，我始终保持高度重视。所谓"万丈高楼平地起"，基础的重要性不言而喻。无论是竞赛还是科研，没有坚实的基础都是妄谈。基础是否扎实关系到后续研究能有多深，在研究的道路上能走多远。我一直保持着严谨的态度，上课认真听讲，课后积极复习，不仅仅满足于课本知识,更注重拓宽专业视野,学习和了解专业前沿知识和研究现状。在大部分同学对自己的兴趣和未来感到迷茫时,我清楚地知道自己感兴趣的方向以及未来想从事的工作。因此,我始终抱有初心。

除了专业课的学习,我在课余时间还参加了大量竞赛。大一下学期我参加了大学期间的第一个竞赛——中国大学生计算机设计大赛,这是一个三个人组建团队参加的比赛。其实高中阶段我也参加过信息学奥林匹克竞赛,但当时的竞赛都是一个人单打独斗,而大学的竞赛基本上都要考验团队合作。如何充分发挥团队中每个人的能力,这是身为组长的我面临的第一个难题。在清楚了各个组员特长后,我们采取了两人负责编程、一人负责美工的工作分配方式。

当时参赛的题目是制作一个计算机游戏,主题关于"绿色世界"。当然,游戏不能只有娱乐的一面,更应该有深度,只有能发人深省、寓教于乐的游戏才是好游戏。因此我们在游戏中加入了大量的教育元素,警醒着人们关爱环境、保护环境。同时我们在游戏中插入了大量精美的插画,刻画环境污染后世界的惨状,极富感染力。自动化学院 C++ 程序设计课程的设置使我获益匪浅,项目制的课程体系使我对解决未知问题有了一定的经验。对于游戏设计,我们本来是一窍不通的,但是通过对网络资料的检索与整理,以及组员之间的讨论与思想碰撞,我们第一次就设计并实现了一个不错的计算机游戏。经过一个月的具体程序编写后,我们顺利地通过了校赛选拔,在之后的省赛和国家赛中也一路披荆斩棘,获得了国家级竞赛二等奖的好成绩。这样的结果与我们对计算机设计的强烈兴趣和敢为人先的精神密不可分,在此之后也有许多同学在我们的指导下也取得了不错的成绩。

在大学期间我还参加了 RoboCup 的校赛,同时顺利进入了 RoboCup 类人组的校队。在自动化学院开设的"专业体验课程"中,我明确了自己对模式识别方向的兴趣,并在学习之余侧重于对模式识别、计算机视觉这方面的学习和实践训练。RoboCup 类人组中有这方面的工作需求,因此我选择加入校队并参与图像识别方面的工作。但涉及实际的工程项目,我明显感觉到与平时的作业和课程设计有很大的不同。实际的工程项目往往都是很复杂的,要解决的问题很多,而且有很多问题都是未知的。对于实际的问题,往往没有最好的解决方案,只能不断摸索设计较优的方法,在实际的检验和理论的推导之间不断改进算法。在实际的项目中,有些问题很难找到现成的资料,因为具体的项目有具体的环境背景和要求,在网上很难找到完全一致的情况,因此需要查阅大量的论文资料,借助其他问题的解决经验,再应用到自己的项目上查看实际的效果。在 RoboCup 类人组校队的工作中,我对一个实际项目的运营和完成过程有了进一步的了解,深切地体会到课堂学习与工程实践的差异之大,这提醒我在学习专业知识的同时也要兼顾到知识的实际应用方法。

大学的学习和生活所能给予我们的东西是很有限的,面对社会这所没有围墙的大学,我们要不断地夯实自己,不断地给自己充电,拓宽自己的知识面,努力务实,惜时如金。

■ 工作——认真负责,以身作则

大学期间我担任班级学习委员,负责向老师反映班级的学习状况以及平时的作业收发。虽然是个微小的职务,但是班干部的锻炼不在于职务的繁杂,而在于对一个人责任心的培养。如果从没有负责过大大小小的事务,那么一个人便很难培养起对他人的服务意识、对组织的奉献精神和对团队的责任意识。我的工作虽然微乎其微,但是我也会用心。我会在班级 qq 群中整理并上传老师的全套课件,方便大家的学习。临近考试我便将学长学姐手中流传下来的学习资料、复习资料传给同学,帮助大家复习备考。对于成绩较差的同学,我也乐于提供辅导。发现同学有经常缺课、不交作业的情况,我会及时反映给辅导员。也许是因为我对班级的热心,我班的成绩一直优于其他三个班,大二学年绩点和累积绩点前十名中我们班均能占到五个席位。

刚进大学时,我在社团和学生会之间选择了学生会。作为学习部的一员,我与部员共同举办了新老生学习交流会、研究生本科生交流会,协助学院举办了"飞思卡尔"智能车校赛、RoboCup机器人校赛,协助院学生会举办了"似水流年"校园歌唱比赛。在这些活动的参与中,我收获了一些工作经验,如宣讲会和歌唱比赛的宣传工作、海报和横幅的制作和张贴回收、会场的布置、与老师和同学的沟通协调工作等等。在这些繁琐微小的工作积累下,我建立起了较强的工作责任感和集体荣誉感。

■ 生活——同学之友、体育达人

在生活中我朴素节俭,性格开朗,宽以待人,与同学相处融洽,是大家学习和生活中的好伙伴。不管是在学习上还是在生活上,我都愿意与同学们交流沟通,帮助他们解决遇到的难题,甚至是化解同学间的矛盾。

大学繁忙的学习之余,我也不忘体育锻炼。篮球、足球、羽毛球都是我的"拿手好戏"。我曾在大一学年拿下了体育单科99分的好成绩,大学学年平均体育成绩在90分以上。同时,我有很强的体育竞争精神。我代表班级参加了自动化学院举办的篮球赛和足球赛,并取得了非凡的成绩。篮球班级赛的决赛中,我在半场落后十分的情况下连中三元,追回六分,由此全队吹响反击的号角,最终反超了比分,我们也艰难地取得了自动化篮球班级赛的冠军。而在足球班级赛中,我们也顺利挺进了决赛。每年我都会参加学院和学校举办的运动会,在100米跑、跳远、400米跑等项目中都取得了不错的成绩。

在已过去的大学两年间,我取得了许多好成绩,但我深知"成功属于过去",应该将目光着眼于未来。我会继续勤奋努力,做到博学敦行。将来学成后也应回报社会,不忘学校和国家给予我的支持和鼓励,为国家和社会贡献一份自己的力量。虽然自己是一棵小苗,但是在母校东南大学的培养下,我最终会长成参天大树。

没有最好,只有更好。在今后的学习和生活中,我会精益求精,不断挑战自我、超越自我,做到百尺竿头更进一步!

 蒋　田

师长点评

董林滔在学习上的认真与执着给我留下深刻的印象。工作认真负责,能协助老师做好各项工作。他本质纯朴,也能虚心接受老师的建议。他能够很好地约束自己,以顽强的毅力,在孜孜求索中完善自我。

东南大学自动化学院党委副书记、副院长　金立左

GU Yiyang 谷奕旸

■ 个人简介

女,汉族,1998年1月出生,共青团员,生物科学与医学工程学院生物医学工程(本硕连读)专业2016级学生。大一期间,获得工科数学分析和几何与代数课程奖学金;获得2016—2017年度校长奖学金;在2017年"五四"表彰中获得"优秀团员"称号。

路有微音兰草香

生物科学与医学工程学院　谷奕旸

我曾经有个名字叫做谷兰，寓意为空谷幽兰。

■ 四岁半才戴上助听器

听父亲说，我到了学说话的年龄了，却对声音不敏感，睡觉时不易被吵醒；说话吐字不清，说"姥姥"时总会说成"么么"；我学话的时候总是紧紧地盯着大人的嘴巴，对电子玩具发出的声音没有感觉……直到 2002 年 6 月份，我 4 岁半了，父母亲带着我到医院去检查，最终我被确诊为双耳感音神经聋（左耳重度，右耳极重度，听力三级残疾）。父亲多方打听，唯一的办法就是验配助听器。就这样，四岁半的我双耳戴上了助听器。正常人可能体会不到异物塞在耳朵里的感受，用手轻轻碰一下两个耳朵，或者有什么会牵动耳朵的面部表情，助听器的啸叫就来了，所以我不可以开怀大笑，也不可以做鬼脸，这种滋味，我要天天忍受。

面对医生"赶紧送聋哑学校"的建议，父母也曾到我们当地残联的聋儿语训中心考察过，但在他们看到那个有着几十个孩子的校园却异常安静后改变了主意，那儿没有语言环境，他们最终决定让我加入到正常孩子中去，让我像正常孩子一样听声音、享受童年的欢乐。

我很不幸，但我又很幸运，我的父母做了一个正确的决定，没有把我送到聋哑学校,让我和普通孩子在一起,上普通学校。否则也许就没有我在东南大学的今天。

在学习中收获自信

后天培训的语言能力给了我一双飞翔的翅膀,我天天和正常孩子一样背着书包上学,和他们一起探索、进步。尽管在课堂上,我无论怎样聚精会神地听讲,也只能听到老师讲的 70% 左右的内容;遇到语速较快的老师,我只能靠看口型"听"课,但这锻炼了我的注意力更加集中,锻炼了我的自学能力。我开始习惯自己查找资料——这也要感谢我的父亲,2004 年,在我一年级的时候,他购买了一台电脑,我开始接触互联网,学会了利用网络,学会识别有效信息。渐渐地,学习的途径开始变得多样起来,其过程也更加丰富有趣……

从小学校园里那个因说话不清而被同学戏称的"外国人",到初中吐字清楚、崭露头角的青春少女,再到高中老师眼中勤奋优秀的学生,我坚实地向前奔走,一直在不断进步中。我相信勤能补拙,上帝给我关上一扇门,也一定会为我打开一扇窗户。在高中期间,我的年级排名从前 10% 到前 5%,再到前 2%。我在没有经过专门培训的情况下,参加全国高中化学、物理奥赛,分别获得二等奖和三等奖,校长说我是我们中学建校 90 年来最优秀的残疾学生。

其实,在我内心里,我从没有把自己当残疾人,我只是耳朵"近视"了而已,我配上助听器就像戴个眼镜,我完全有能力克服困难,和听力正常的人一样竞争。高三的时候,我们中学曾组织"感动一中十大人物"评选,我们的班主任极力推荐我参加评选,说我身残志坚的故事一定会打动很多人,一定会是最感动我们中学的学生。但我拒绝了,我只想通过自己更勤奋的努力因优秀而获得成功,而不是因身残志坚获得荣誉。

最终,我成功了,通过裸分考入了我理想中的东南大学。像我这样,患有严重听力障碍还能考上一流大学的应该是第一人,我为自己感到自豪!

我的工程梦与中国梦

做任何事情,其实是有初心的,正因为心中有那样一个梦想,朴素简单,走在了奋斗的路上,便从未停止向前的脚步。

父亲的很多朋友是土木工程、交通工程方面的工程师,从小,我就对工程师这个职业有一种模糊的向往之情。而真正想要做一个工程师,国家工程师,是因为一套关于大国工程的纪录片。

2012年9月,央视播出了一套节目《超级工程》。片中的工程师站在现场统筹一切工作的进行,掌握所有工作的原理,在千钧一发之时做出最正确的决定,从而引导整个工作的进程。而他们建造的工程——港珠澳大桥、上海中心大厦、北京地铁网络、海上巨型风机和超级LNG船,举世无双,成为我们这个国家的支柱、基石。工程合拢、封顶、通车、通电的那一瞬间,我觉得我的灵魂是和这片大海和土地连在一起的,我的心是和这个国家连在一起的,由衷的想为我们国家奉献青春热血。

后来,这个工程梦想慢慢变得更加具体。一次在助听器中心的经历,让我有了一个想法,想要做生物科学方面的工程师。

2013年底,在助听器中心,一个有听力障碍、家境贫寒的女孩在妈妈的带领下来更换一个助听器。数字助听器早已成熟,已上市多年,而这个女孩一直没有钱换一个更好一点的数字机,而是一直戴着模拟信号的助听器。这意味着她不能够很好地欣赏音乐、分辨不同人说话的音色,无法感受声音的美妙,这也严重地影响了她的语言系统。

女孩换上新机的时候,医师播放了一首歌,音乐响起的一瞬间,女孩脸上惊奇的表情让我永远无法忘记。这一刻来得是那么迟!在中国,质量好一点的助听器都是外国品牌,价格昂贵;国产的技术一直不能达到世界标准,难以信赖。技术不是最难的一关,现状是市场严重缺乏真正的听力学专业人才,市场销售参差不齐,市场规则紊乱。一个简单朴素的想法就这样在我头脑中形成——做中国品牌的助听器,让中国助听器占据市场,物美价廉,让更多贫苦的聋孩子戴上助听器,享受童年的欢乐。

享受学习

在高考之前,我就来过东南大学,她是我心仪的大学,这一年多来的切身体验让我更加对一年前的选择感到骄傲。在这里,我发现了更优秀的自己。

大学里的学习、生活方式,其实和我一直以来的习惯没有太大的差别——自主。

大一期间,我和各位专业课老师都有交流。其中特别的,我和医学电子方向的周平老师讨论过助听器的原理和改进方向。助听器模数转换功能的实现有一个重要的优化工作就是盲源选择,这也是各个品牌助听器核心价值所在。和老师的交流让我更加明确了方向,对知识产生了更强烈的渴求。于是我更加享受学习的过程——每一种新的算法、新的定理、新的概念都是通往更深刻知识的阶梯,学习起来更加有动力。教四203记得我伏案奋笔疾书的身影,图书馆大量数字电路的专业书让我如获至宝,电工电子开放实验室明白我试验成功的喜悦……

技能是可以学习的,知识的种类很多,在渠道广阔的今天,只要有需要,我们就可以通过疯狂的自主学习迅速掌握一种知识,马上投入运用。我现在的学习方式就是这样,首修学习,是一种储备存档的过程,在后面的专业课一经需要,就可以调出我的储备,通过再次学习,重新掌握知识,并且在专业课的运用中增加熟练度。所以,我学习不以永久记忆为目的,而是更加注重理解和应用,在学习的过程中拓展它的周边知识,形成一张知识或者说技能的网络。很多相关的小技能,比如安装软件、恢复重要文档,就是在学习、工作的过程中慢慢积累的。

在课下的学习中,我常常和同学讨论问题,或许是一道题,或许是一个科技想法的头脑风暴,而讨论的最终结果通常可以总结为老师讲解的原理,回归了理论知识。这让我不禁想到,"那一年最难的习题,不过是一句简短的笔记"。在共同学习过程中,每个人都有自己不懂的地方,我们互相解决问题,人多的时候,一定会有一个人知道答案,而他的问题,或许正是我知道的,最终我和我的同学都得到了提升。我很享受这种互动的学习过程。

■ 幽兰暖人

发生在大学里的故事有很多很多,但这些事情,都服从于一个主线,那就是刻苦顽强、温暖善良。尽管我还是带着助听器,生活学习中还是有很多困难,我愿意,面带微笑,温暖前行。

在生活中从小养成的自主的习惯,让我能够在最开始的时候更快适应大学生活,然后帮助我的陷入信息爆炸的同学——人文讲座、竞赛信息、教务安排……我把和我们有关的信息整理出来,发到班级群里,成为信息搬运加工者,服务大家。我还帮助很多同学安装好 Office 2010、VC6.0、Quartus 9.0、Multisim 12.0 等软件。甚至,我还可以做一个修理工,我用螺丝刀修好了宿舍衣柜门,用活动扳手帮同学调整了她的自行车后刹……同学和朋友们都叫我"万能的小谷"。

后来,我参加了软件学院的"中山陵志愿者"活动,走出校园,站在中山陵的博爱广场,为来来往往的人提供帮助。从早晨九点到傍晚四点半,无数人停留在我们的服务站前咨询,一整天下来我们已是唇焦口燥,服务站里面的导向图已经被我们用得字迹模糊,便利贴也被用得只剩薄薄的几张纸……结束的时候,抬头遥望山顶的寝陵,我想,博爱的意义,就是如此吧,疲劳,但是无比充实。正是能量得到了转化和传递,世界才被连接在一起。看着游人经过我们的指引后满意地离开,就觉得很有意义。

其实善良对我来说已经成为一种习惯。付出,我就没有想过回报,因为善举是一股不会干涸的暖流,一经流出,便会在人间永远流动。

在东大，我的天性得以释放，我有更多的机会做我喜欢的事情，我享受着丰富的校园生活。这一年，我积极参加学校不同社团组织的跑步竞赛，跑遍东大、跑遍南京，和陌生人组队，遇见更有趣的灵魂；组织班级合唱参加学院"魅力团支部"晚会；参加学院的智能车比赛，初识嵌入式系统单片机；加入学院女篮球队，接触篮球，和队友并肩作战；加入传统文化溯源社，认识到许多喜欢中国传统文化的小伙伴。能够和这样一群人坐在同一片星空下，举杯邀明月，笑谈古今事，我感到很幸运，无比美好。

生活仍在继续，大学的故事刚刚开始，我还将走更远的路，走进更广阔的天地。

幽兰微小，其芳清远。

 尉思懿

该同学为人热情，性格开朗，是一个守纪、肯学、求上进的学生。在学习课程过程当中一步一个脚印，目标始终如一，并且思维敏捷，有较强的学习能力。在紧张的学习生活中不忘给低年级的同学以无私帮助，十分难能可贵。希望未来可以不断地向知识的深度和广度推进，开拓前方的旅途。

学习科学研究中心讲师、获奖学生的程序设计与语言老师　夏小俊

黄梦宇
HUANG Mengyu

■ 个人简介

女,汉族,1996年9月出生,中共党员,信息科学与工程学院信息工程专业2014级学生。曾获国家奖学金、校长奖学金、唐仲英德育奖学金;美赛数模国际一等奖、国赛数模全国二等奖、英语竞赛全国三等奖、电子设计竞赛省级二等奖;东南大学"三好学生标兵"、东南大学"三好学生"、东南大学学习优秀生;完成一项国家级SRTP项目及一项校级重点SRTP项目,结题均优秀;保送至香港科技大学电子与计算机工程学院攻读博士。

Do you ever shine?

信息科学与工程学院　黄梦宇

"谁说不能让我 / 此生唯一自传 / 如同诗一般 / 无论多远未来 / 读来依然一字一句一篇都灿烂。" There's never been a better time. Will you shine for yourself? 此时此刻的我，此时此刻的大学时光，将是我人生中最璀璨的绽放。

我是黄梦宇，一个来自四川泸州的女孩。横跨了整个中国，在东南大学开始了我的追梦之旅。我始终相信我们每一个人都在寻找自己的光芒，就像我来到这里，遇到了这样一群人，成为了现在的自己。

■ Shining against the wind——逆风的方向，更适合飞翔

18:30 的晚课铃声、20:55 的自习下课、22:00 的大叔锁门、00:30 空无一人的教室，这些是我对于教学楼最深的记忆。其实大学生活那么多种，都取决于你自己的选择，我相信所有的回报都来源于付出与努力。我也曾迷茫过，也怀疑过，可是每一次对自己默默说出的那句"不能放弃"，那种想要坚持下去的心情，让我从大一专业第三，到大二专业第七，再到三年综合排名第二，绩点 4.24+，我在不断努力与前进。那个初入大学的小女孩，也终于顺利取得香港科技大学博士的录取通知书，能够前往梦想的远方继续加油。

从大一决定转系的那一刻起,我的大学之路便注定会有所不同。有人曾问过我,为什么你要选择这样一条艰难的道路?面对全新的环境,面对越来越难的专业课程,我想是因为对于自己所热爱的东西愿意不断追求与尝试的冲动。越是逆境,越要成长,越要绽放最闪耀的光芒。

几年的学习时光里,我总是喜欢和老师、同学们交流探讨,他们的思维让我的灵感迸发,在互相交流中我总是能够看到自己可能忽略的细节,也许是一个公式的深入理解,也许是看待一个问题的奇特角度,他们给予了我足够的想象力。因为对于实践的热爱,从大一学年的物理预备实验,到后来大二学年的物理实验,以及大二、大三所有的专业实验课我都得到了"优"的成绩。我常常发现自己亲自去操作、去实现一件事能够带给我极大的满足感与幸福感,这不断鼓励着我去创新、去思考。

从国家奖学金到校长奖学金,从东南大学预选学习优秀生到东南大学正式学生优秀生,从东南大学"三好学生"到东南大学"三好学生标兵",我很幸运在东大见证着自己的发光。

其实不断地学习,就像是不断地为自己的人生画出一条条道路,为自己不断地创造可能性。走得越远才发现前面的路越开阔,越充满让你去探索未知的吸引力。也许两点之间线段最短,但是自己选择的道路,即使披荆斩棘,即使会错过或失败,也要为了自己的梦想,执着地奋不顾身,执着地相信一次,在逆风中展翅飞翔。最终,你会发现那个更好的自己。

■ Shining bravely——青春是人生的实验课,去疯去闯

科研与竞赛,听起来像是遥不可及的巨石,我什么都不会,也能去参加吗?答案是肯定的。东大是这样一个地方,给予我无限的可能去探索自己的极限,既然有这样的机会去冒险,为什么还要惧怕,不去勇敢地闯一闯呢?

连续三年,数学建模竞赛从校赛一等奖到国赛全国二等奖再到美赛国

际一等奖；连续两年,创新体验竞赛从校三等奖到校一等奖,再到入围华东赛区比赛；从全国大学外语四级的 613 到外语六级的 627；从全国大学生电子设计竞赛省级二等奖到视觉制导机器人竞赛、PLD 竞赛……我认识了那么多和我一样对新鲜事物充满着热情的小伙伴,见到过金智楼凌晨 5 点的日出,也见到过电子电工楼最美的月色。那些一起努力的时光,让我每次想起都忍不住笑出来。

大二学年,我逐步开始探索科研的道路,学会去体会一个完整项目从无到有的过程。我积极申报 SRTP 项目,成为一项国家级创新项目的项目负责人,该项目课题为"基于单片机的 GSM 信号时隙功率精确测量与自动增益控制的实现",最终结题结果为"优秀"。同时我也是一项校级重点 SRTP 项目的项目负责人,该项目结题结果同样为"优秀"。作为组长,在项目的开展中与团队中的每一个人一起合作,一起加油,一起进步,是一件十分幸运的事。

即将毕业之际,看到自己 SRTP 网站上列出的一项项的竞赛与科研成果,也不禁感叹,这几年那个拼命努力的自己,也做了那么多有意义的事情。

■ Shining for the belief——信仰是一种力量

每一个人都需要拥有一种信仰,正如中国共产党这样的一个光荣的团体,能够让你为之不断奋斗。早在大一上学年我就提交了入党申请书,经过党课的多次培训,以及党课之外的积极讨论,我顺利通过了最终的党课结业考核,有幸成为了一名入党积极分子。

在大二学年中与信息学院党支部的老师、同学们相识相知。我在每一次的党支部大会、每一次的党支部活动的交流中不断充实着自己的党建知识。在大三学年,我终于非常荣幸地成为一名中共正式党员！我积极报名支部委员会竞选,并最终在大家的支持与认可下成功成为信息学院低年级党支部宣传委员,能够和支部每一个成员一起,为构建更好的党支部而加油。

我始终记得,代表党支部准备"微党课"竞赛的那个星期,那是我第一次学会制作微信推送,第一次不断地熬夜改版、改文案,第一次感受因为这样一份努力被认可的惊喜与自豪。

■ Shining for yourself——唱一首属于自己的歌

我从未忘记小时的我,那个对周围一切都充满好奇的小女孩,喜欢尝试,喜欢冒险,不变的永远是那个爱笑的自己。舞蹈民族舞9级,古筝6级,似乎自己与艺术有着一种默契。一直在自学吉他与尤克里里,也期许自己一个钢琴梦,喜欢看到音符在自己的眼前跳跃,喜欢在乐谱中陶醉。音乐总能给予我平静或热烈,细腻或洒脱,在音乐的世界中,我总能找到那个真实的自己。

同样我对绘画有着执着的热爱,曾有幸获得新加坡绘画比赛金奖。从手绘、素描到国画、水彩,每一种风格都给了我完全不同的感受与体验。初见东大,被它的美所触动,所以手绘了东大的绿色、东大的景。参加化学化工学院举办的"绿色涂鸦跑"的文化衫设计比赛,凭借手绘的东大体育馆得到了现场的最多票数支持,最终获得第三名的佳绩。

因为喜爱,所以坚持。大一加入了院学生会宣传部,从一开始的宣传软件零基础到后来的PS大神。同学曾经对我说,这一看就是小米你做的海报,因为是小米风格呀。一张张海报,一张张传单,被认可、被喜欢、被张贴出来出现在大家的眼前,带给我的是无比的自豪。

大二上学期,我和两个同学一起开始尝试视频制作与拍摄,参加艺术学院举办的校园艺术创新竞赛,获得全校第二名。大二下学期,参加材料学院举办的全校"视界东南"微视频大赛,再次荣获第二名,我们以"手为线索拍摄了这部视频，捕捉了属于每一个东大人的光影，也许是校车司机，也许是环卫工人，也许是修车师傅，又也许是为了某个梦想而奋斗的我们。在这个世界上我们每一个人都显得很渺小，就像我们的每一双手，显得那么平凡，但就是这样一双手，完成了一件件有意义的事情，丰富着自己、他人的世界。每个人，每双手，都在闪闪发光。而就是在东大这样一个地方，我们心手相连，去编织更美好的明天。去年的五一劳动节，我们的视频《手》被东南大学共青团推送，这是我们想要给全校每一个人的赞歌。也许渺小，也许平凡，但我们也能编织一场属于我们的、属于东大的奇迹。

■ Shining for love——回忆中，总有些瞬间，能温暖整个曾经

正是公益，让这个社会更加温暖。我大学加入的第一个社团便是唐仲英爱心社，从大一至今，我参加了各种志愿活动，从清水亭家教志愿者到南京南站地铁志愿者，从东南大学绿色通道志愿者到暑期淮安涟水支教。唐仲英爱心社给予了我这样一个平台去奉献自己的那份热情，也给了我这样一个机会让更多热心公益的同学加入到这个服务社会的大家庭中来。大二时我竞选成为了唐仲英爱心社志愿服务中心副主任，整整一年的时间里，我带领着爱心伞小分队，不仅将东南大学爱心伞范围扩展，更增设到了四牌楼校区。每一个没带伞的下雨天，我只希望为每一个老师与同学带来一片心晴。2016年的国庆期间，我作为骨干代表赴复旦大学参加唐仲英爱心社年会，代表东南大学去拜访了亲爱的唐老先生，充分展现来自东大学子的活力与志愿热情。虽然我们来自不同地方、不同学校，却都有着一样的公益心。

唐仲英爱心社是一个起点，让我从这儿向公益迈进；唐仲英爱心社是

一个家，在我需要帮助的时候第一个出现；唐仲英爱心社是一个梦，时间在变，你们不变，感动不变。"服务社会、奉献爱心、推己及人、薪火相传"，我希望自己能为这个世界做点什么，能让一个人不经意间回想起来就能觉得很温暖。

■ I will always be shining!

我们都一样，一生等待一次发光，所以为了梦想去闯、去奔跑、去寻找。谢谢东大，是这个地方教会我去改变，谢谢东大，是这个地方让我遇见你们，也遇见了现在的自己。我将不忘初衷，继续前行，继续绽放最美的光芒。

 顾青瑶

> 黄梦宇同学学习成绩优异，踏实认真，积极主动，善于与同学老师交流合作，热衷公益，积极组织参与校内外志愿活动，德智体美多方面发展。凭借她优秀的能力，我相信她将在后续的道路上走得更远！
>
> 东南大学信息科学与工程学院讲师　张圣清

李佳辰
LI Jiachen

■ 个人简介

男，汉族，1996年1月出生，中共预备党员，东南大学能源与环境学院能源与动力工程2014级学生。曾获得校长奖学金、协鑫奖学金、周远奖学金；获江苏省第一届"创新创业"竞赛省级三等奖、校级节能减排一等奖、校级创新体验竞赛一等奖；校级优秀学生干部、校"三好学生"、校级优秀团干部、东南大学暑期社会实践优秀个人等荣誉；发表两篇EI论文（一篇第一作者），一篇会议论文（第一作者）；并曾代表东南大学访问日本爱知工业大学。

脚踏实地 志存高远

能源与环境学院　李佳辰

■ 热血青春——不忘初心

满眼东南秋色，回首已是离别。作为大四的一名本科生，九龙湖、四牌楼这两个东大的校园承载了我太多的青春回忆。还记得2014年八月的一天，我怀着无限的憧憬和对未来的期待，如期来到了九龙湖这片三千多亩的大校园，不认路的我误打误撞到了南门。可能正是因为周边人很少，让我久久地注视起空中迎风飘扬的红色，那是我与东大校园里的国旗第一次的邂逅。说起和国旗的感情，要感谢我高中的活动经历。参加青岛市第十六届团代会，连续两年担任青岛市十八岁成人仪式国旗手和每周担任学校升旗任务指导的经历让我爱上了这面红旗并让我成为学校推荐入党的少数学生之一；当然我更要感谢家里几位"又红又专"的老党员，每当一有空他们就会给我讲述他们作为党员的故事，我总会默默倾听，心里一次又一次暗下入党的决心。来到东大，为了早日实现自己的入党梦，我努力学习文化课知识，参加了各类学生工作，全方面严格要求自己。于是在大一上学年我成为我们班第一批入党积极分子，更荣幸地成为学院里首批挑选上报的发展对象。在大一下学年，我参加了院团委实践部的工作，我带着这份莫大的荣幸兢兢业业把每一滴汗水洒在团旗和国旗下。我选择了团委，团委选择了我，一年过后我当上了实践部的部长,两年后我如愿成了一名中共预备党员,而就在即将到来的今年12月,我将正式成为一名中共党员。我会在这片国旗屹立的土地上,不忘初心,用汗水播种希望,用青春敬献祖国!

■ 突破自我——奋斗不息

"博观而约取,厚积而薄发"。没有广博的见闻就不能择善而从之,没有厚重的积累就不能有片刻的迸发。这是对当代大学生的要求,更是对一名优秀党员的基本要求。为了达到博观约取,我担任了班长一职和院团委部长一职,参加过校学生会治保部的工作,参加过校西乐团室内音乐会的演出,代表学校对日本爱知工业大学进行了友好访问,参加了首届中国大学生马拉松比赛,也担任过江苏省新东方在线校园大使主要负责人之一,做过"跟谁学"APP的线上英语老师,兼职过阿里巴巴旗下"做到网"的翻译员;当然也做过家教,干过各种各样勤工俭学的工作。这些丰富的经历让我全方面突破自己,尽可能提升自己的综合素质。"止于至善"的校训让我懂得除广度之外更要注重学习的深度——厚积薄发。大学的学习,除了要有对知识的如饥似渴,更要具备持之以恒的精神。学习是一个循序渐进的过程,没有捷径,唯有脚踏实地方能成功。于是大学的图书馆就成了我汲取知识的地方,它让我徜徉在知识的海洋中,读着大家的金玉良言,赏着中国山水画的朦胧诗意。有人说读过的书就是人的厚度,我想是这样了。为了更好地学习专业课,我利用业余时间精学了C++、Matlab、Origin、Office等软件,同时以较高分数通过了全国和江苏省的计算机二级考试。俗话说,"纸上得来终觉浅,绝知此事要躬行",为了将晦涩难懂的理论知识与实际相联系,我积极参加各项竞赛与科研项目。在江苏省首届"双创"比赛中获得了省三等奖和优秀奖的成绩,在节能减排大赛中获得了一等奖的成绩,在本科生创新体验竞赛中也获得了一等奖的好成绩;多少个日夜的辛苦,让我参加的SRTP项目有了耀眼的光芒,获得了国创优秀的等级。想起大二大三的生活,不少辛酸,却给予了我作为理工科学生少有的荣誉。南京闷热的天气没有拦住我实验的脚步，多少次独自一人往返于九龙湖校区和四牌楼校区，最终完成了我的第一篇会议论文，借此参加了中韩国际清洁能源交流会，也让我有机会在EI杂志上发表了第一篇自己撰写的论文。在探索科学的路上，我将脚踏实地，披荆斩棘，争取为国家贡献自己的绵薄之力。

■ 心系集体——光芒照人

就像歌德说的那样，"人不能孤独地活着，他需要社会"。而大学不得不说是我们需要独自接触、最接近社会原型的地方。在这里，一个优秀的学生干部能让大家在大学时光里感受到集体的归属感，留下一段异常美好的回忆。而我，愿意担此重任。记得大一的时候，副班长意外出车祸，我急忙第一时间赶到了医院，带去班级的温暖。大二时期，班上同学偶得急性阑尾炎，我组织大家前去探望。每一次的身体力行，都是告诉大家班级与你同在。大学四年里，我是为数不多一直连任的班长，因为在我看来，一个好的班集体不是一朝一夕就能形成的，希望通过我的努力让二班成为一个自强、友爱、奋进的大家庭。星级团支部答辩，我代表班级与大三的学长学姐同台竞争，获得"三星团支部"称号；通过组织无数次的主题班会让同学们了解大学生活的方方面面、世界舞台的多姿多彩，而对我来说，每次的熬夜准备、精选材料都是一个不小的挑战；我还在课余时间组织同学们一起观看南京大屠杀系列纪录片，参观遇难同胞纪念馆，进一步提升大家对历史的认知，激发大家的爱国热情。"每逢佳节倍思亲"，在二班端午节收到班长飘香四溢的粽子，中秋节领到班长满寄乡愁的月饼已是大家习以为常的事情。而圣诞节我组织大家聚在一起互送礼物，感受班级温暖；生日到了，大家也总能收到我准备的礼物。珍珠泉春游给我们大家许多的第一次，第一次户外烧烤，第一次撑杆游船，在大自然的气息里，感受勃勃生机。给留学生送温暖、排练华尔兹，都是我们弥足珍贵的回忆。每一次活动背后都有我细心的策划、周到的考虑，尽管有时候没有达到预期的效果，但我依旧不曾停步，努力向前。

还记得高中时期，看到学生支教团远赴甘肃，让我羡慕万分，于是投身社会、努力奉献的愿望就在我心里生根萌芽。到了大学里，参加团委实践部让我对社会实践的了解更近一步。平日里，我积极参加学院组织的志愿服务活动，每一次在地铁站给路人的指引，不仅让他人受益，我自己更是体会到了乐于助人的喜悦，最终获得了志愿服务的资格证明。2015年的暑假，我和我的团队组成了南京调研小队，对南京景区的问题做了细致的调研工作，最终大家齐心协力给有关部门递交了建议报告。功夫不负有心人，我们团队获得了暑假实践校级一等奖的荣誉，而我获得了"社会实践优秀个人"的称号。实践、奉献是爱心之光，我愿用我微薄之力，给人以温暖，给社会以微弱光芒。

■ 梦为指针——继续前行

大四过半，我渐渐找到了自己的梦想与未来。希望自己在大学里阅读足够多的书籍，于是图书馆与我为伴；希望自己努力奋进，出国留学，于是认真学习托福、GRE，尽管未曾一路平坦，但却不畏时光艰难；我更希望未来的路，能一步一步踏实前行；希望与自己打过交道的伙伴能开心并有所收益；希望带过的团队能团结奋进；希望做自己最向往的人，尽自己最大的努力，服务好班级，服务好学校！永远真诚待人，愿做生活中的小太阳，用自己的光芒温暖周边人。热血难凉，永远热泪盈眶。

指导老师 茅佩

师长点评

李佳辰同学学习态度认真，积极思考，勇于创新，多次获得学科竞赛奖并发表两篇EI论文。担任班长一职，尽心尽力，获得"校优秀学生干部"等荣誉。志存高远，关心祖国，有着为祖国发展贡献力量的奉献自我的精神。

能源与环境学院030142班班主任　王明春

陈柳宏
CHEN Liuhong

■ **个人简介**

女,汉族,1997年10月出生,共青团员,东南大学电子科学与工程学院电子科学与技术专业2015级学生。曾获曾宪梓教育基金会"优秀大学生奖励计划"奖学金、校长奖学金、志愿者服务优秀奖、东南大学"三好学生""优秀学生干部"等荣誉称号。

翻山越岭的行者

电子科学与工程学院　陈柳宏

大学生活如同海上行舟,有时风平浪静,但有时却波涛汹涌。别迷失方向,别害怕前程,也别沉溺于某处风景。来东南大学已有两年,我不再是学习至上的"高三派",不再是输不起的小气鬼,也不再是躲在舞台幕后的安静分子。你可能在运动会上与我共同奔跑,可能在图书馆同我擦肩,也可能在电子科协实验室与我有一面之缘。在东大,一切皆需要向着"至善"奋斗,从专业知识到课外研学,从学生工作到志愿服务,我时刻在路上,只为看到更出彩的自己。

■ 一往无前——课外研学与竞赛

电子研讨课上老师给了很多开放的课题,还鼓励我们自己进行设计。我眼馋工业级机械臂的酷炫,想使用开源平台 Arduino 制作一个简单的三自由度机械臂。如今我还能回忆起当时成功使用 PWM 控制舵机转动的那份欢呼。这样的工作当然不可能完成得一帆风顺,其间因为没有合理设计硬件而始终无法完成性能指标。最后我决定放弃购买的模型材料,亲自制作一个机械臂。在这个过程中,我既是设计师,又是开发人员,丰富的角色让我喜欢上这样的生活,大胆去想、去设计,敢为不凡。

除了自主研学之外，我常忙碌于各类学科竞赛，整整两年，从结构创新竞赛、数模竞赛到智能车竞赛、电子设计竞赛。焊接零基础，自动控制零基础，K60零基础，以及期中考试、紧张的课程实验，都无法阻挡我这名"老司机"。我常常抱着智能车来回奔波于实验室。凌晨回到宿舍时，空气很冷，但内心火热，我走在中央大道上，觉得这样的生活舒服而幸福。感谢自己的坚持，能够和队友一路走到决赛。

大二下学期的电子设计竞赛如同一盆冷水泼向我。当时选择做电源类的题目是因为我觉得模电和数电基本学完，参加电设可以检验自己的学习效果。但暑假里我又觉得自己似乎不再适合学EE，硬件设计实在太困难。有个学长告诉我："最后的比赛只是展示个人能力，电子设计竞赛重在平日的积累经验。"看到科协其他那些出色的同学出没于电工电子楼的身影，我觉得这句话很有道理。

每一场竞赛都是一段距离不小的征途，而我的征途是星辰大海。开始时想赢别人，后来想要赢自己。参加了两年的学科竞赛，一路走来，希望自己最后能够战胜自己。而我也正在为接下来的嵌入式和电子设计竞赛开始蓄力，等待自己的一等奖。

因为喜欢，所以一往无前。不计输赢，坚持全程。

二山为"出"——学习态度

学习于我是必需品——这是大学给我的第一堂课。

我以为高考是最后一座山，因此刚入学时，我很坚定的告诉自己：不要再成为学习的仆人，应该冷漠地蔑视她。结果，绩点同样冷冷地回敬了我。教我几何与代数的何薇老师，一个讲起高维空间变幻时总是有些陶醉的人，一个以虔诚态度对待学科研究的学者，有一次在课堂上被她提问时，我无奈脸红地承认自己不知道答案。那时我突然意识到自己对于学习的不用心，告诉自己需要重新调整心态迎接更为广阔的生活。

有一种成长是明白二山为"出"：没有一座山会是最后那座山，从一座山到另外一座山，在路上的状态更为自由。我很感谢自己有这样优秀的老师，带我走上正道，重新出发。于是我不再晃悠悠地去上课，不再在周末晚上急匆匆地处理作业。在期末我的绩点终于上了 4.0，这是最好的回报。

严谨求实，不轻松——这是大学给我的第二堂课。

物理实验、电路实验，在已知理论的结果与规律下，我明明清楚自己测量数据有错误，却常常困惑要不要把自己真实测得的数据写进报告。如果我是一名工程师，我的想法无疑是在建一座外表高大而内里不堪重负的桥梁；更甚如果我是一名医生，我的想法必定会给手术刀下的病人带来极大的危险。社会不会欢迎一个不诚实的人，不需要豆腐渣工程，需要的是品质与能力双优的人。

勤于动手，方得始终，不要犯自欺欺人的错误——这是大学给我的第三堂课。

在大二刚开学时，希望在绩点上能有些提升，在学习上变得更为谨小慎微。可以刷题刷到满绩，却不明白模电实验的结果，我渐渐体会到的是"纸上得来终觉浅，觉知此事要躬行"。于是，我决定花更多的时间待在实验室，去搭建与测试，去思考与积累。无论是数电还是模电，我总能在期末考试第一个验收，这是我在电子专业学习中的小骄傲。

我受初心趋引，不愿辜负韶华。

■ 任督三脉——志愿活动与学生工作

在专业学习、竞赛科研两脉之外，还有志愿活动、学生工作这磅礴一脉。

开始的时候我不懂,最后的时候却相当感动。

成为一名班委是起点。刚来东大的时候,我比较内向。当时进行班委选举,我觉得心理委员是一个不起眼的职务,也许可以一试。如果不是去选择担当班委,也许我记不住所有同学的名字,也许我不会在迎新晚会上有机会和同学一起搞笑配音,也许我不会在很多人面前逐渐收放自如。在大二我选择担任班级的团支书,带领班级展开志愿服务活动,为自己的班级做出更大的努力。

大一下学期,在学院内报名参加暑期电子设计竞赛活动的志愿者活动。从期末考试结束待到7月底,最后四天三夜的决赛,我和参赛者一样日日夜夜地撑着。在需要选手们提交参赛作品的那一夜,我因为希望能够给参赛者更多时间去完成自己的设计而不忍心催促他们立刻提交。于是从晚上八点等到凌晨三点,一桶泡面,一台空调,四个人,撑了一整夜。志愿之心便是这从头到尾的守护,给别人留下感动是我的小习惯。回宿舍时已是宵禁,我就坐在体育馆的台阶上美美地看了一回东大的日出。参赛选手对我这个认不清元器件却对他们要求很高的实验室管理员亲切又尊重,实验中心的老师对我这个性情明朗、工作起来大方又仔细的志愿者给予了高度认可。

在科协,从一名干事成为一名部长,从参加活动的同学变成活动的负责人,我的肩膀逐渐强大起来。大二时作为一名干事,我曾经站在讲台上向我的同级同学宣讲学科竞赛的基本知识,看着台下同学对我的讲解的深入思考时,体会到了在准备期间的付出很有意义。如今我已经是技术部的部长,不再是一颗螺丝钉,而是拧螺丝钉的扳手。我鼓励干事们积极展示自己,同时也为他们创造提升自我能力的机会。在刚刚结束的焊接培训活动中,为了能够给学弟学妹接下来的智能车竞赛更多的帮助,我耐心传授自己的焊接经验,对于他们的错误也会及时指正。在实验室,很喜欢帮学弟学妹解决疑惑,他们称呼我一声学姐,如我当初喊我的老部长们一样,电子科协贵在传承,我有幸是其中的一环。

■ 无限风光——砥砺前行

在过去的两年里,我找到了自己的方向,打磨出学习竞赛的坚韧毅力,不再迷失方向。对于自己的职业规划越来越清晰,走得也更为笃定,不再忧心前程。最后更希望自己能够做到"别沉溺风景",虽然目前专业成绩很理想,也获得过一些荣誉称号和奖学金,但是距离给自己设定的目标还远远不够。

海洋的最深处是奔波不息的暗流,我也是。学于东南大学,萃于东南大学。

指导老师 王一卉

师长点评

陈柳宏同学勤勉好学,成绩优异。家境贫寒没有阻挡她奋进的脚步,在校期间,无论是学业上还是学生工作上,都有她争优争先的身影。她还乐于参加学校和学院的各项志愿活动,为同学们无私服务,自身能力也得到了锻炼,真正做到了全面发展。

东南大学电子科学与工程学院党委副书记兼副院长、副教授 宋晓燕

刘汝坚
LIU Rujian

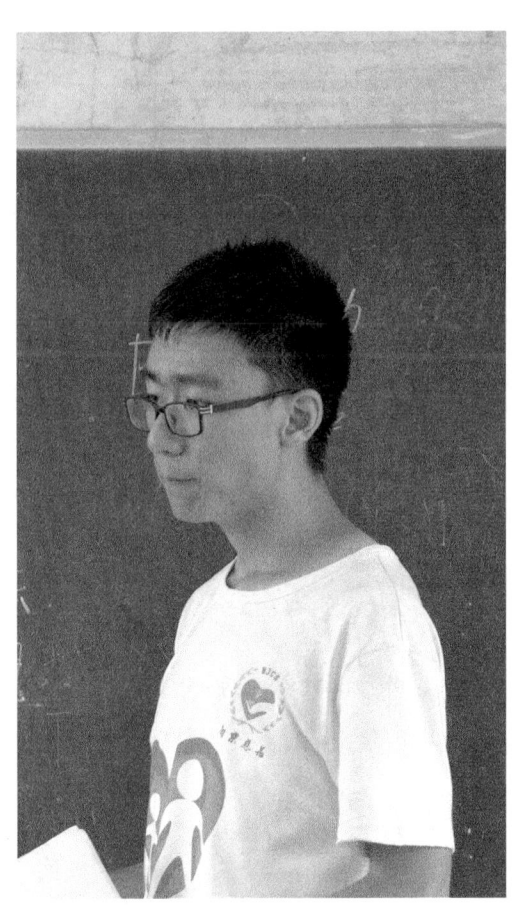

■ **个人简介**

男，汉族，1996年4月出生，中共党员，东南大学人文学院2014级本科生。曾获校长奖学金、多门课程奖；国家级大学生创新创业训练项目优秀奖、中国（江苏）高校传媒联盟十佳新闻作品奖、东南大学本科生第八届英语研究型课程优秀团队竞赛一等奖；东南大学优秀团员、东南大学"三好学生"等荣誉称号。

即使渺小，也要演绎无限精彩

人文学院　刘汝坚

我一直都是一个渺小而平凡的学生。

或许是不争不抢的性格使然，或许是谦逊温和的环境影响，大学三年的时间里，我并不能算是什么出类拔萃的学生榜样和校园精英。但是，平凡不代表平庸，渺小却不甘沉沦，我始终都在追寻理想的路上马不停蹄，最后也算是不负努力、收获颇丰。

■ 积善成德，声无小而不闻

笃信成事必先立志、立志需学做人的我，从大一入学起，便督促自己要热情而主动地帮助他人，哪怕力量微不足道，也定能让这个世界多一分温暖和感动。秉持着这样的信念，我报名加入了人文学院的生活权益部，主要负责院系活动的后勤保障工作。安排活动道具、搬运后勤物资、协助现场组织……从"新生杯"到"中华赞"，人文学院大大小小的活动中几乎都少不了我奔波忙碌的身影。

身边有朋友对我的选择感到不解，这样一个几乎是纯体力劳动的工作，又需要默默无闻地付出自己大把的时间和精力，为什么我能毫无怨言地一直做下去？但在我看来，能够为院系和学校做出贡献、服务身边的同学，已经是极大的满足和快乐。

当然，仅仅把奉献拘泥在这样一个小圈子里，对我来说是远远不够的。于是，我报名参加了贵州山区的义务支教活动，带着无限的期待和紧张，开始了一次全新的旅程。

二十年来，第一次踏上贫困乡村的土地，那种震惊和复杂的情绪是任何电视或网络的图片、视频资料所无法给予的；二十年来，第一次作为一名教师去面对一群善良淳朴的孩子，我能教给他们的知识很多，他们让我明白的道理更多；二十年来，第一次全身心地投入一次慈善活动，不是为了应付作业或是完成任务，单纯发自内心的热爱和心甘情愿的奉献，我深刻地体会到爱和责任的力量。

在这样一点一滴的积累当中，我慢慢发现，"积善成德，而圣心备焉"的古训并非是一句远隔千年、需要奉为圭臬的哲理，而是我可以实实在在去体验、去践行的一种理念。

任重道远，壮怀天地凌云

个体的力量或许是渺小的，但内心的志向却一定要远大而崇高。我深刻地明白，大学生的责任不仅在于刻苦学习、修身养性，更在于胸怀大志、投身社会。

大二下学期，我在朋友的邀请下组队申报了国家级的大学生创新创业训练项目。刚开始的时候，我对自己并没有太大的信心，毕竟从来没有进行过真正意义上的学术研究，我不清楚自己能否胜任这样的一个项目。

但是，当我们共同商定好选题之后，我却坚定了自己的信念，想要认真地完成一份出色的学术项目。在中国老龄化现象日益严重的今天，在社会对人的心理健康和情绪管理愈发关注的当下，我们的选题——人文关怀视角下养老机构的发展和完善，便有了更加深远的社会意义。

在基本达到了老有所养的条件下，是否我们应该把精力投射到老有所乐的问题上来呢？老年人的心理状况究竟有没有得到养老机构的重视呢？这些问题之前很少有人关注。但作为一名文科大学生，对这些有现实意义和实际价值的"冷门问题"做深入的调查和研究，是我们应该肩负起来的责任和使命。

于是，在一年的项目期内，团队成员兵分多路，在中国的多个城市展开了实地调研。第一次参加田野调查的我，永远都不会忘记顶着严寒和酷暑到养老机构做采访的艰辛，也不会忘记和工作人员、老年人打交道的障碍，更不会忘记在无数难题面前团队成员齐心协力攻克难关的努力。在最后的结题验收当中，一等优秀的结果不仅是对我们项目完成程度的认可，更是对我们每个人一年多来辛苦付出的一种回报。

在我所学习的汉语言文学专业内，我也一样有着将学术知识运用到现实社会中的尝试和探索。

文字是一种传媒的工具，中文专业向来和传媒领域密不可分。而在社会发展日新月异的今天，网络媒体的异军突起已经成为一种不可忽视的现象。作为中文系的一名大学生，我自然也应该时刻关注这场声势浩大的变革，去挖掘变革背后的本质。

于是，我带着个人兴趣和专业眼光，仔细观察传媒领域的最新动态，认真阅读文化传播的相关书籍，尽可能多地涉猎专业理论和数据，最终写成《新媒体时代的混战》一文，将我的见解和分析融入其中。

或许在媒体从业者看来，这篇文章写得并不专业。但既然我凭借它获得了《中国青年报》主办的中国（江苏）高校传媒联盟2014年十佳新闻作品奖，至少说明了我的思考具有一定的价值，更说明了对社会现象与动态的密切关注本身就是我的一种责任。

■ 知明行笃，百道不为不成

"纸上得来终觉浅，绝知此事要躬行"的道理是自古而今的伟大智慧，我自然也奉行这样的理念，避免自己成为一个只会死读书的人。

我担任了校刊《东大青年》的主编，主持选题会，组织校园人物访谈，带领编辑部的干事一起工作……这样一个因为兴趣而加入的社团,最后竟给我带来了大学生活中最重要的收获。

面对着数十位热爱文学却羞于表达的编辑,我需要想尽一切办法调动大家的积极性,活跃社团内部的气氛;面对着学习和工作的压力,我需要把每周的任务都安排得井井有条以保证杂志的定期发行;面对纸媒衰落、新媒体崛起的大趋势,我冥思苦想如何让我们辛苦写出的文字达到更好的传播效果……

我成为了人文学院学生会的部长,组织院系的大型活动,沟通学生会的不同部门,成为老师和学生之间联络的桥梁……

最开始是想要为同学和学院服务,没想到最后却成为了一个小小的管理者,肩负起了更多的责任。在院系组织大型活动的时候,我需要积极地构思策划方案,还得主动考虑到可能出现的情况和应对措施;在协调部门内部和部门之间的人际关系时,我始终秉持着热情和耐心,让学生会的成员团结成一个紧密的大家庭……这些组织和管理工作是我之前从来没有接触过的,但也正是这些工作让我在短短一年的时间内成熟了许多。

书山学海,莫忘逆水行舟

学习无易事,作为一名大学生,最重要的任务当然还是努力、认真地学好自己的专业知识。

除了上课专心听讲、积极思考,课后完成作业、自我充电之外,我还在学术的道路上展开了自己的摸索。一向对中国古典文学感兴趣的我,注意到传承千年的儒家文化经过了数次大的调整和变革,人们对儒家精神的理解早已不是孔子思想最初的样貌。而它最早的变革可能就发生在孔子弟子子夏身上,这一点却被现在的学术界忽视。

因此,我从自身的兴趣出发,结合当下学术研究值得关注的领域,对子夏的相关历史典籍进行了较为细致的搜集。中华文明在自先秦以来两千多年的书籍文献中有浩如烟海的记载,大海捞针一般地搜寻有价值的史料,对我而言已经是一种考验；实事求是、客观地评价子夏对孔子思想的传承和革新，更是一个不小的挑战。

还好，最后在我的不懈努力下，《子夏对孔子思想的革新》一文终于写成，并有幸发表在了《文化研究》期刊上。第一次在专业的学术刊物上发表文章的经历给了我极大的信心，让我有勇气在感兴趣的古典文学领域继续坚定不移地走下去。

大三的时候，我慢慢确立了读研继续深造的决心，决定在古典文学领域闯出自己的一番天地。在2017年的夏天，我报名参加了南京大学文学院的保研夏令营。在古典文学专业全国排名前列的南京大学，面对着来自清华大学、浙江大学等顶尖学府的竞争者，我抱着学习和交流的心态认真准备。功夫不负有心人，最后我顺利通过了南京大学的考核，实现了自己的理想，我想，这也是给我即将结束的大学生活画上了一个圆满的句号。

大学时光转瞬即逝，我很高兴自己没有辜负这三年的时间，而是尽己所能地付出和奉献，让自己的大学生活有了价值和意义。我坚信，每个人其实都是渺小的个体，即使做不到耀眼和璀璨，但也应该绽放属于自己的精彩，活出属于自己的人生。

 付　林　王洁琳

师长点评

刘汝坚同学学习成绩名列前茅，基础知识扎实，积极参与各种学术讨论、课外活动与社会实践，在生活中的各个方面时刻以高标准严格要求自己，他品行优良、诚实谦逊、尊敬师长、刻苦勤奋，是一名优秀的大学生。

人文学院教授　王华宝

刘倩雯
LIU Qianwen

■ 个人简介

女，汉族，1997年10月生，中共预备党员，仪器科学与工程学院测控技术与仪器专业2015级学生。曾获国家奖学金、校长奖学金；第八届"北斗杯"全国青少年科技创新大赛国家二等奖，2017年RoboCup机器人中国公开赛国家二等奖；东南大学"三好学生""优秀学生干部"等荣誉称号。

尝试，一个美好的开始

仪器科学与工程学院　刘倩雯

光阴荏苒，转眼间已是我在东大的第三个年头了，不知不觉中我的身上早已深深印刻下东大人止于至善、严谨求实的印记。犹记得中学时期的我，一直是个平淡无奇的人，没有出众的能力，没有闪光的特长，也没有拔尖的成绩，一度认为自己大概就要这样庸庸碌碌过完一生。人生的巨大转变，从我进入理想学府——东南大学后开始了。连续三年担任班长，活跃于各大竞赛并屡获佳绩，学习成绩始终在全院名列前茅，多次获得国家奖学金、校长奖学金等。曾经那个默默无闻的我，如今却已成为学弟学妹眼中的优秀前辈，我知道这一切并非化茧成蝶般的蜕变，而是源于一次次的发掘，发掘自己的潜能，发掘自己的兴趣，发掘自己的闪光点……而这一切的开始，都是源于尝试。

■ 风雨同舟，砥砺前行

我深知每个人都不是一座孤独的岛屿，人与人联系起来才有了社会，人存在的价值在于奉献。大学校园是我们学习知识的理想平台，更是我们锻炼自己、提升自己的广阔天地。初高中时期的我沉默寡言，对于班集体来说简直是一个透明的存在。大一入学时，因为舍友的鼓励、班指导学姐的分享，我仅仅抱着尝试与体验的心态竟选成为了班长。班长的工作繁杂，它的存在更像是一座桥梁,连接起院学生会、老师、班内的同学。各项统计任务、活动安排、联系筹划等,上上下下,里里外外,有时候接连多件事情如洪水般同时向我袭来,喘不过气却又无处可逃。抱怨是有的,疑问是无可避免的,疲乏无助更非偶然,每每此时,我的内心总是充满抑郁的阴云,充满怀疑:自己当时的一鼓作气是明智的吗,是正确的吗?好在我是坚持而幸运的。班内同学团结一致,团日活动、班级聚餐时同学们发自内心的笑容,以及那一声声真诚的"辛苦了""太谢谢了",都让我一次又一次得到更多的鼓舞与安慰,都让我真切地感受到汗水终究也能浇灌出明媚的花朵。

大二大三的开学班会上,我几乎是毫不迟疑地再次参加竞选,也非常有幸继续得到同学们的支持。不仅仅是我个人的坚持,班级的氛围也深深感染激励着我。班内学习氛围浓厚,同学之间团结互助。在学院,我们班无论是学习成绩,还是学生工作、竞赛科研等方面,都明显领先于其他班级,受到了院内领导的重视与嘉奖。

■ 厚积薄发,止于至善

大一年级开始,我便被学校各科各类的竞赛吸引,在竞赛过程中,总能遇见新的困难,面临新的挑战,这些往往会使我困惑,使我痛苦,却从没阻碍过我的坚持,动摇过我的决心。每一次克服困难的酣畅,灵感迸发的惊喜,取得成绩的喜悦都让我愈发自信,重新认识自己的潜能。在我看来,每一次的竞赛都是一次学习的机会,不单是本专业知识、其他学科知识的巩固与拓展,也是对个人意志的磨练,对团队合作交流能力的培养。因而,每一次的竞赛我都全身心投入,无论最终的成绩如何,或许会有惊喜,或许会有失落,我都感受到充实,因为我知道,我收获的知识、友情、锻炼远比一个结果、一张证书要多得多。

因为在高中时期没有机会接触过太多竞赛,偶尔心血来潮报名参加的几项学科竞赛也都一无所获,我便武断地给自己打上"没有竞赛思维""不适合竞赛"的标签。初入大学时,我对于竞赛可谓是充满了抵触与畏惧。好在队友耐心鼓励,自己也勉强放下思想负担,抱着玩一玩的心态,在结构创新竞赛中牛刀初试便幸运地尝到了甜头,获得了校级二等奖。虽然这是个很简单的比赛,获奖级别也并不算高,但对于初次尝试的我来说,可以说简直是一个巨大的成就,我也第一次意识到大学期间的竞赛对学科知识要求并不刁钻,内容有趣,形式新颖,鼓励创新,鼓励接触与学习新的知识,鼓励合作。

良好的开端无疑是最好的鼓励,在接下来的数学建模竞赛中,尽管深知此项竞赛对于我们当时还没有学过的概率论、MATLAB 编程要求很高,我也并没有太多犹豫与胆怯,欣然前往。在最终的国赛中我们组并没有取得好的成绩,但是在准备国赛的过程中我阅读了大量建模类书籍以及往年优秀论文,培养了建模思维,也锻炼了写论文的能力,这对于大一的我来说是一次重要而宝贵的经历。不单是建模思维的培养为日后的学习、竞赛提供了思考问题的新方向,拓展了看待问题的角度,数学建模对于身体精力的高要求也锻炼了我的耐力。国赛培训的过程中我有幸认识了不少优秀的前辈,前辈们对于竞赛的态度深深感染了我,他们优秀的品质与能力也激励着我。他们乐于与我们交流,给我传授了许多宝贵的经验,这些经验不单单是在大学的学习、竞赛中,我认为在日后的工作、待人接物中都会使我受益。

大一的积淀使我在大二时火力全开,大二年级时,尽管面临着巨大的课业压力,数电、模电、微机、信号等专业课接踵而至,物理实验、数电实验、模电实验、微机实验等大量实验连续不断,我也依旧对各类竞赛保持着高度的兴趣与热情。智能车、北斗杯、数模、机器人等竞赛中都有我的身影,也都取得了不错的结果,并通过选拔,进入 RoboCup 仿真组校队,在校队的征程中,获得 2017 RoboCup 机器人世界杯中国赛仿真组亚军。暑期短短一个月的准备时间,我们校队成员共同努力,克服重重困难,在 4 月份伊朗赛成绩不佳的情况下顶住压力,在最终的国际赛上获得第四名的成绩。校队备战的过程,使得我与其他学院的优秀同学有了近距离的接触,他们表现出的严谨、坚持、耐心、追求完善、追求突破的精神,都感染与影响着我,使得我无法对已经取得的成绩沾沾自喜,而是更加渴望不断学习、不断提升自己的能力与品质。

■ 不忘初心,思想领航

在家庭的熏陶和影响之下,同时感受着家乡日新月异的变化,我从小就对中国共产党充满了向往和憧憬,立志要加入这一光荣而又先进的组织。进入大学后,我便递交了入党申请书,感谢老师和同学们的信任,我成为入党积极分子、发展对象,并如愿成为一名中共党员。

入党之后,我并没有丝毫的思想松懈,而是以更加严格的标准要求自己,处处发挥党员的模范带头作用。家事国事天下事,事事关心,我坚持每天看书看报,及时了解国内外形势政策,积极组织参与党支部的"三会一课",不断提升自己的思想境界,全面系统地学习党的理论知识,充分了解党的发展历程,深刻意识到党的先进与伟大之处,积极向身边优秀的共产党员学习。作为一名年轻的共产党员,我在思想、能力、品质方面要做的努力还有很多。

随着阅历和知识的丰富,我看待事物的态度逐渐变得理性与成熟,我也深刻认识到自己肩上的责任与担当,这不单单是作为我一个"个人"的责任,同时也是作为一个"社会奉献者"的责任。"我志愿加入中国共产党,拥护党的纲领,遵守党的章程,履行党员义务,执行党的决定,严守党的纪律,保守党的秘密,对党忠诚,积极工作,为共产主义奋斗终身,随时准备为党和人民牺牲一切,永不叛党",这段入党誓词早已深深扎根于我心中,化为滚滚的热血在我胸膛流淌,我将身体力行地践行誓词,将共产党员的光和热散播出去,温暖更多人,照亮更多角落,引领更多进步青年加入这一先进组织。

更要发挥党员的无私奉献精神，不为功名利禄，全心全意为人民服务。扎根于国家需要的地方，努力为国家的发展贡献自己的力量。虽然个人的力量微不足道，但是积少成多，聚沙成塔。愿大家都能心怀感恩，热爱并拥护我们的党和政府，为国家屹立于世界民族之林贡献自己的一份力量。

■ 探索自我，永不止步

大学时期的尝试，当然不仅仅局限于竞赛，不局限于学习，不局限于拓宽升华自己的思想，为成为一名优秀的中共正式党员努力。它还包括对个人兴趣的发掘，对个人品质的磨炼与提升，对所有未知事物的接触与对已知事物的改变……是对自我的一次又一次探索。我想，或许一切并不如我们想象的那般顺利或是简单，结果甚至让人失落，让人抑郁，但尝试，终究是一个美好的开始。

 彭袁园

师长点评

刘倩雯同学思想上进，处处发挥党员的先锋模范作用，勤于参加各种社会实践和志愿公益活动；学习成绩优异，积极参加各类学术科研活动；热心学生工作，长期担任班长等职务，甘于奉献、乐于助人，受到老师、同学们的广泛好评。

仪器科学与工程学院教授　宋爱国

秦 鑫
QIN Xin

■ **个人简介**

男,汉族,1997年8月出生,中共预备党员,物理学院应用物理学专业2015级学生。曾获校长奖学金、张志伟奖学金、科技发展奖学金;结构竞赛三等奖;东南大学"三好学生""优秀团员";江苏省运动会高校部足球赛季军、江苏省省长杯暨大学生足球联赛第八名等荣誉称号。

做最好的自己

物理学院 秦 鑫

时间的车轮滚滚向前,不知不觉我已经成为一名大三学生,大学生活也已走过了一半的历程。时间可以证明一切,解释一切,甚至成就一切。经过大学两年多的锤炼,我走的每一步都愈发坚定,人生观和价值观都有了新的高度。两年多来的每一天都过得踏踏实实,因此我收获了辛勤耕耘的累累硕果。我始终坚持"在其位,谋其政,尽其职,胜其任"的生活、学习和工作方式,这对自己、对团队都大有裨益。

■ 将团队凝为个人

奉献服务,可以领导一个团体共同奋斗。

在大学,我很荣幸成为物理学院本科生支部的支部书记。听着优秀共产党员的事迹长大的我,小时候就有一个愿望,那就是长大后成为一名共产党员并为人民大众奉献牺牲。现在我需要领导一个集体共同为他人发光发热,这是一份沉甸甸的责任。我们支部是一个整体,如果我们不能凝聚在一起群策群力,那么服务群众则无从谈起。所以我上任支部书记之后为自己制定的第一项任务就是加强我们支部凝聚力,解决基层学生支部普遍存在的顽疾,让我们的战斗堡垒作用得到充分体现。

为了活跃支部的气氛,我每周会组织大家集中观看一部精彩电影,通过电影这种无声的桥梁,在大家对人物形象的侃侃而谈中,在观影感受碰撞出火花时的会心一笑中,在对人物评价的争论打趣中,我们彼此之间的理解逐渐加深,感情也越发紧密。当然团队合作能力也是考验一个团队凝聚力最为重要的因素,而党日活动便可以充分考验这一点。支部里只有13名党员,我们不仅需要研究方案、做策划、出人出力,还要在活动现场前后奔走。每当有突发事件或是疏忽失误,总有人能主动站出来并竭尽全力弥补。支部里的同学已将这里看作是自己的家,因此我感觉满足。

我还在支部内成立了帮扶机制,一个人有困难,大家来帮助。为了扩大支部的影响力,也为了增强支部的执行力,确定了"一名党员,两名积极分子,三名优秀团员"的小组模式,让团支部和党支部的联系更为紧密,也让积极分子在学习中不断进步,争取早日入党。在这样的党支部里担任书记,我也竭尽全力让自己的业务能力过硬。学校组织的每次培训我都会参加并认真记录,自己研读党章,学习体会十九大精神,增强自己对党的认知。找积极分子谈心了解动态,约入党申请人讲解我们党的过去和责任,审查入党意愿;开会,笔记,传达精神,我们支部团结一心,为了支部的明天共同奋斗。

我相信每一个人都会有献身集体、为了集体的利益无私奉献的责任感,关键在于我们是否对这个集体充满热爱。我之所以能够全心全意服务集体,帮助组织登上新的高度,不过是我热爱这些集体罢了。

■ 让个人感染团体

奉献服务,可以身体力行付出自己最大的力量。

大一军训时我就已经加入东南大学国旗护卫队,这份对国旗的责任无时无刻不警醒我要把自己全身心奉献给这个崇高的荣誉。烈日下的挥汗如雨没有退缩,暴雨下的狂风凛冽依然伫立,我坚信只有一丝不苟的训练才对得起这熠熠生辉的国旗。

正步、托枪,就算双臂无力提不起枪又怎样,就算脚底出泡举步维艰又怎样,我们守护的可是国旗的荣誉。我自身的力量不足,导致我长时间端枪时枪尖会摇摆不定,于是我针对自己的弱项勤加练习。力量房中可以看到我挥汗如雨的身影,训练中可以看到我刻苦加练的努力。功夫不负有心人,军训结束时,在江苏省大学生国旗护卫队的大比武中,我们以绝对优势获得了第一名的好成绩。

但这只是开始,国旗精神不能动摇,我们还要做更多的贡献。国家公祭日举行升旗仪式悼念亡灵,国庆节举行升旗仪式为伟大祖国庆生。校运会有我们的身影,世界击剑锦标赛有我们的付出。有人问你们为什么要这么努力,我只能告诉他们身为国旗护卫队一员,每个人都会甘于奉献,哪里需要我们,我们就会在哪里出现,因为我们是一种象征,因为我们是国旗守护者。

这样的精神伴随着我进入大二。我主动要求加入学校的足球队,想的是让我们学校在足球方面有所突破。大三有四年一度的省运会,我们早早地开始了备战。在这里,没有鲜花,没有参加竞赛获得的荣誉,没有学分,也鲜有关注,但我还是选择将自己绵薄的力量奉献给热爱的学校。

每周三次训练,每次训练除了日常训练科目,还会加高强度的体能训练。15组变速折返跑,或是配速1分45秒的15圈无间断无氧冲刺,又或是20趟百米冲刺。每次体能训练过后,我连走路都觉得乏力,但还是坚持着挺过来,因为我的心中总有着一种信念,我是在为自己的学校奋斗。

在刚刚过去的省运会比赛中,我每次都是首发出场打满全场,身为后卫稳守防线,有机会时便前叉参与进攻,送出助攻帮助球队取得胜利。作为球队里的"老人",当球队落后时,我有责任鼓励队友不气馁不放弃,让大家鼓足勇气拾起信心为既定的目标拼搏。为期一周的比赛,背后是整整一年的紧张准备,比赛会耽误课程,我们会向老师请假并且在业余时间努力学习弥补差距;比赛中受了伤,我们草草打上绷带继续投身于紧张的比赛当中。最后捧起第三名的奖杯,没有想象中的热泪盈眶,我相信我们还会做得更好。

■ 令生命迸发光芒

要想成为优秀的当代大学生,各方面的素质都要足够优秀。

作为物理学院的学生,科研实验能力是必备的。在我做科学研究的过程中,感触颇深,收益也颇丰。科学研究是一项一丝不苟的工作,操作者的细致程度会直接关系到实验的成败。在做实验中,锤炼了我的耐性,丰富了我的人格。实验中,更重要的是思维能力。操作中遇到突发情况,需要用自身掌握的理论知识去解决,这对思考问题、冷静解决问题是很大的考验,也对拓宽知识面、掌握更多知识提出了更高的要求。通常一项实验独立完成难度颇大,需要与他人合作完成,此时合作分工、互相信任就显得尤为重要。合作分工,对接准确,所有人目标一致,这样才会事半功倍。当然这里也涉及审视自己,将自己的能力充分发挥到自己最擅长的地方。在我半年来的实验过程中,先是制订一个切实可行的计划,将每个月的进度写下并且严格执行,发现我们小组三个人各自的擅长之处并对应分配工作。无论是制样、制备原材料还是电池的安装,还是到南航去测量样品数据,我们总能以最饱满的热情投入其中。在项目开题前,我们已经有了一些成果,我相信随着项目的推进,我们会有新的收获。

除了科研,我们还是学生,还是这个社会上的一份子。作为学生,勤奋学习,从大一的3.45上升到大二的3.733,位列专业第二名,我一直在努力;作为社会的一份子,回访母校,为学弟学妹们排忧解难,让自己在高中时候的迷茫不再困扰着他们,帮助他们剥开迷雾,解决青春烦恼,更好地备战高考;进行社会实践,深入山西省煤矿产业一线地区,调研考察这些年来山西省煤炭行业翻天覆地的巨变,从最直观的角度记录讲述这里的环境保护、这里的科技程度,实地调研,排除误解。

　　大学生活已经过了一半,回顾走过的这半程旅途,作为支部书记,我们支部还缺一个影响深远的活动,让东大学子一同为他人服务;作为校队成员,我们的学校还缺少一座冠军奖杯,让东大在体育事业上继续蓬勃发展。初生牛犊,资历尚浅,我还要学习,还需完善的地方有很多。现阶段虽然有了一些成果,但这还远远不够,最好的自己永远在前方,最美的风景永远在路上。我将加倍努力,翻越未曾跨过的高山,追逐自己的远方。

 吉　鑫

师长点评

　　秦鑫同学品学兼优,德智体美全面发展,在勤奋学习之余不忘自身素质的提高,积极参与社团活动和体育运动,都取得了一定的成绩。秦鑫同学在上学期间获得包括校长奖学金、东南大学"三好学生"等一系列的荣誉,是对他努力奋斗的肯定。希望他能在未来的大学生活中百尺竿头更进一步,真正成为祖国的栋梁之才。

东南大学物理学院教授　徐庆宇

完晓妍
WAN Xiaoyan

■ **个人简介**

女，回族，1997年8月生，共青团员，东南大学吴健雄学院2015级学生。曾担任：吴健雄学院613151团支部团支书；吴健雄学院15级高等理工实验班班长；吴健雄学院体育部干事；江苏发展大会志愿者。曾获得：2016—2017年东南大学校长奖学金；2016—2017年优秀团干部；2016—2017年优秀学生干部；2016—2017年恽瑛奖助学金；江苏发展大会"最美志愿者"称号；2016全国大学生数学建模竞赛省（部、地区）级一等奖；2017美国大学生数模竞赛国际级二等奖；东南大学第十三届本科生物理实验研究论文竞赛校级优秀奖。

平衡人生的天平

吴健雄学院　完晓妍

人生的天平，其上悬挂着形形色色的货物，用以衡量的也有各种各样的秤砣。有人觉得天平的两端总是顾此失彼的关系，假如贪心不足，就会满盘皆输，然而理想的人生不仅要在物质需要的满足上，还要在精神旨趣的满足上得到表现，想要轻松度日，那你的货物只有被别人背去。

社会工作和学业，就是我大学天平的两端，对我来说是不可放下只能平衡的重要的两部分。

■ 被珍视的货物——社会工作

"科技进社区"志愿活动、班级竞选先进班集体、国旗团支部、江苏发展大会志愿者……在短短的大学时光里，我组织的、我参与的活动数不胜数，这些都是我的珍宝，是我不愿拿下天平的财富。

组织志愿活动，带领同学们竞选先进班集体、国旗团支部，是我作为班长、团支书最大的责任。在2016—2017一年的时光里，我和班上的同学们一同组织了四次主题团日活动，在校园里、翠竹园小区、南京绿博园都留下了我们的身影。犹记得某次活动，我阅读了5本安全教育书籍，收集宣传资料制作成12页的手册，在重阳节和班级同学到在翠竹园小区开展老年人防诈骗宣传活动。活动前，准备PPT、视频、竞答问题、参与奖品，联系同学和设备整整用去了我一周的时间。活动中组织志愿者通过现场讲解,给老人们观看视频实例,发放特意定制的防诈骗宣传手册,有奖问答帮助老人们识别电信诈骗陷阱。我们详细地讲解了电信诈骗的种类以及诈骗的方式,并且通过口述的方式向老人们传授了如何识别、应对诈骗。在此之后,主持人播放了几段关于电信诈骗的视频,通过实例分析加深老人们对电信诈骗的印象并使他们得到警醒。那次活动参与者有50多人,老人们的积极提问让我们感受到付出都有了回报。

竞选国旗团支部准备答辩,我们班选择了辩论这种新颖又有特色的方式,但这也意味着更多的挑战和磨合。我和一同上台的4名同学们多次排练才达到了默契的水平。在竞选当天我们的心情也经历了大落大起,诸多优秀的团支部纷纷亮相,我们作为大二的班级亮点的确不够突出。但是前期班级同学齐心协力的细心准备在最后时刻起到了作用,我们用3天晚上制作的折页配合PPT以及现场舞台和观众席的互动打动了评委,最后获得了国旗团支部的荣誉,这是我作为团支书心情最为激动的一天。在那之后我们班承担起了升降国旗的工作,每周日我都提醒下一周的同学按时升降国旗,在2017—2018学年秋学期开学时还和国旗护卫队一起执行了一次升国旗任务。

烈日,在江苏发展大会之前对于我是一幅印象派作品,有着鲜明的色彩和随之而来的浓浓的树荫;两天的志愿服务之后,却给了我多一层的感受,它不再是由光谱所代表的瞬间印象,而是由汗水、灼痛带来的深刻记忆和紧绷后放松时清风拂面的透亮。

由于课业和学生工作的时间冲突,我在上岗前两周面临着坚持和放弃的两难抉择,但是责任感和对这次大会的期待使我还是选择了坚持,因为我相信一个没有受到奉献的热情所鼓舞的人,永远不会做出什么伟大的事情来。社会工作是我人生天平沉甸甸的一半,假若随便放下,那么另一半也一定会失控,因为我被击败得那么容易。

大会联排的前一日，我为了完成老师留下的任务，工作到凌晨三点离开实验室。第二天为了保证联排的顺利和效率，我们学校的志愿者六点四十五分就前往大剧院准备工作。我的工作是在大剧院的外围指引嘉宾从下车点走进大剧院，这本是一项简单的工作，却因为烈日而多了挑战。从联排到大会的两天，南京一直艳阳高照，为了保障顺利接送嘉宾，我们都提前站到自己的岗位，并且不时回答来往嘉宾的问题，所以时间最长时我在烈日下连站了三个小时。

每一个人可能的最大幸福是在别人所实现的最大幸福之中。二十日当天，许多嘉宾纷纷在大剧院门口合影留念，我在指引过程中帮助了多位嘉宾，其中不乏多年未归乡的嘉宾，用英语和不熟悉的中文与我沟通，带着笑容与优雅美丽的江苏大剧院合影。他们的快乐仿佛就是我的快乐，他们夸赞南京的干净、整洁、舒适、现代，仿佛就是在表扬我，一瞬间，我在阳光下的那些等待就像是变成了穿堂风，舒心地吹过，带走了两日的汗水。

■ 不可缺少的平衡——学业

天平，少了一端将永远无法平衡，在我人生天平的另一端是学业，作为学生我认真对待自己所学的每一门课程，并利用课余时间努力学习与专业相关的各方面知识，暑假期间留校一个月，进入导师的实验室，体验研究生工作状态和工作方式。过去的两年我的成绩一直在班级前三分之一，我还积极参与各类竞赛，在全国大学生数模竞赛和美国大学生数模竞赛中分获不俗奖项。我还记得与队友一起埋头写作的日子，因为分歧争论不休的时刻，记得成绩不理想时相互勉励，记得获奖时欢欣鼓舞而忘记所有不愉快的笑脸。

当你追求的更多，你必将付出更多，也许是时间，也许是经历。但是我相信这不是无谓的付出，经历的磨炼越艰辛，人也会成长得更迅速。

青春,并不只是年龄,而是一种心境,能让人始终保持年轻、保持斗志昂扬,如同生命深泉一般,在汹涌流淌。更具体地说,青春的力量是深沉的意志、恢弘的情感与炽热的激情,就像火炬,时时刻刻发出最耀眼的光芒,给周围带来光和热。

付出青春的光和热,来收获人生天平的平衡。见过朝霞升起的月牙湾草坪,听过凌晨四点李文正图书馆旁池塘的虫鸣,醒着拼搏的青春和在手的平衡天平才让我感到真实存在的满足和欣慰。

 李 鑫

完晓妍同学思想上积极上进,尊敬师长、团结同学、乐于助人;学习自主性强、成绩优良,能掌握本专业所要求的基本理论和技能;担任学生干部期间工作负责认真,有良好的组织领导及沟通协作精神;兴趣爱好广泛、身心健康、乐观开朗,是一名全面发展的优秀大学生。

吴健雄学院党委副书记兼副院长 钟 辉

李佳琳
LI Jialin

■ 个人简介

女,汉族,1995年1月生,中共党员,公共卫生学院预防医学专业2013级本科生。曾获国家奖学金、校长奖学金、煜平公卫奖学金、江苏电力奖助学金;曾获东南大学"三好学生标兵""优秀学生干部""优秀团干部"等荣誉称号。

懂得寒梅通彻骨　梅花香自苦寒来

公共卫生学院　李佳琳

南京降温,梧桐满地,秋雨拂面。如庄子所述:"人生天地之间,若白驹之过隙,忽然而已。"大学时光,已匆匆四年。四年的时间,也许只是人生长河之中的一粟,然而,绳锯木断,水滴石穿,这小小的一粟在不经意间已然给我留下万千感慨。

■ 黎明时未见曙光

四年前的六月,我曾想象过大学的样子,也期待自己的大学生活是否会像高考来临前老师们抚慰我们不安的情绪时说的那般轻松。直到捧着通红的录取通知书,迷迷糊糊地走在偌大的校园里,无数次迷路,无数次问路,我才意识到,大学生活真的就这样猝不及防地开始了。

那年,我大一,懵懂的我,被大学的斑斓深深吸引,参加了很多社团,担任了很多职务,总是有开不完的例会、做不完的活动。大学生活动中心办公室里没日没夜地修改活动策划,食堂门口摆摊卖力宣传……每天都像一个小陀螺一样旋转。甚至,我开始对翘课习以为常,即使坐在教室里,也一定是最后一排的角落里,睡觉、玩手机、发呆,我以为这才是大学,是曾经为了摆脱高考的阴霾而幻想出的玩乐之地。大一的寒假,在家查到了自己的全部成绩,我没敢多看就悄悄地关掉了网站,自我安慰着可能是不太适合这个专业吧。所以我决定转系,云里雾里的我选择了同学们中口碑最好也是最热门的建筑系。随即推掉所有社团工作,寒假提前返校,每天背着画板去上素描课。如果转系成功,那么就可以重读大一,重头来过,那张难看的成绩单也就永远不会被看见。可是,命运总爱开玩笑,转系失败。我面对的是一张均分75的年度成绩单。巨大的落差感使我坠入深渊,在巨大的失落中越来越迷茫。

■ 清晨的雨露花香

　　桥区人不多,地方也不大。初来乍到的我,看着这个在市中心默默无闻的小校区,却是倍感亲切,她没有宏伟的礼堂,没有亚洲第二大的图书馆,但却十分像我自己,小小的我,小小的校区。在这里重新出发,重新开始。我喜欢图书馆二楼靠窗的那个老位子,阳光穿过窗帘的间隙照在桌上,似乎就真的看见了未来的光明,也好像突然叫醒了我,我的大学不能这样碌碌无为地过去。就试试吧,我对自己说,只把学习这一件事先做好,看看会不会有收获。如果说大一是热闹的狂欢,那么大二注定就是孤独的背水一战。我变成了大一时自己不屑成为的只顾学习的人。但没尝试过又怎么会知道一节不落地去上课,一天不落地去自习,"坚持"二字比任何纸上谈兵都艰难得多。虽然每天重复的学习很枯燥,很疲惫,但当我听见图书馆闭馆音乐响起的时候,我才能逐渐开始了解那种充实,那种快乐,那是大一一整年从未有过的满足。曾经也有过怀疑,有过彷徨,为什么别人在宿舍睡觉的时候,我要学习,别人悠闲追剧的时候我还要学习,如同时间倒退了三年,回到了灰白色的高中。路的伊始,我曾忙着去寻找一条风景更好的路,一条幻想之中的路,却满身泥泞,未曾见到曙光。但试着停下来,脚踏实地,一步一个脚印,我终于望到了清晨的雨露与花香。

　　图书馆的窗外,树叶黄了,落了,又发芽了。充实的日子总是在不经意间转瞬即逝。"尽吾志也,而不能至者,可以无悔矣。"事实上,我至今仍然感激那段时期的自己,可以心无旁骛地朝着既定的目标前进。大二这一年,我完成了绩点2.8到4.1的大逆转,也收获了国家奖学金、"三好学生标兵"和多项课程奖。至今我仍然记得一个很钦佩的学姐和我说过的一句话:"如果你不知道未来往哪里走,那就尽你所能走好现在,当你走到十字路口时就不会因为自身的不足而做出被迫的选择。"在此,我也想将这句话分享给所有正在迷茫中的你们。

■ 砥砺前行 南山自现

"大学之道,在明明德,在亲民,在止于至善。"拉回成绩后,我开始寻求学习与工作的"至善之道"。大二暑假我利用专业所长,跟随实践组来到盱眙马坝中学,担任同伴教育主持人,给青少年解码青春健康知识。在活动中我发现当前我国青少年性教育是被需求、被欢迎的,另一方面,在活动过程中,同学们表现出的求知欲和好奇心也说明性与艾滋知识的普及是有必要的。而能在这样的需求中尽一份力,并与这么多可爱的学弟学妹们成为朋友,实在是我莫大的荣幸。在大三学年,我成功竞选院团委副书记一职。期间不仅完善了对各支部的日常管理职能,也尝试结合院系特色,与学生会一起探索举办学院品牌活动。在2015年年底,121世界艾滋病日到来之际,我联合了一群志同道合的同学,结合了预防医学的专业特色,选择了具有金陵毓秀之称的紫金山作为本次活动的场地,成功举办了"紫金之巅,为艾而行"大型全校世界艾滋病日主题活动。这不仅仅是公卫团委首次面向全校多院系多校区的活动,也是第一次和来自不同专业的同学们为了同一个小目标站在了一起,向南京市民普及艾滋病知识——艾滋病其实并不可怕。在平时工作中我也从身边出发,联合校区防火办组织消防演习,配合学生会完成东南大学第三届、第四届健康素养大赛、2014—2017迎新晚会等众多活动。大四担任党支部副书记期间,联合中大医院党支部与周边社区积极共建,为社区老年人送去健康服务和人文关怀。在活动中,我们不仅帮助老年人群体了解健康知识、提升健康素养,也让志愿者们更加深入了解"奉献、友爱、互助、进步"的志愿精神内涵。志愿服务是现代社会文明进步的重要标志,是加强和促进精神文明建设的重要载体,是培育践行社会主义核心价值观的生动实践,加强党带团工作,提升支部在同学中的影响力。期间,克服了多种困难,与学院团委学生会共同举办了南京市首届高校艾滋病专题辩论联赛,并获得了省疾控、预防医学会多位老师的褒奖。"大学之道,在明明德,在亲民,在止于至善。"东大学子将始终铭记校训,传扬东大精神,承担社会责任,为党和国家的事业而奋斗。

　　随着目标越来越清晰,我奔向目的地的脚步也越来越快。就像是在爬山,越是往上走,越是发现脚下的风景美,于是也不再纠结选择的路是否是最正确的,就只管往上冲,向前跑。唯有切身努力过、感受过,才会明白收获成绩时的那种欣喜。大三上学期,我还有幸作为东南大学代表团成员之一赴日本爱知工业大学进行交流访问,这段经历让我看到自己与优秀同辈的差距,也更坚定了前行之路。

　　学习工作之余,我参与了一个国创项目,并主持了一个国创项目——《新型光学复合纳米纤维的制备、性能及其检测应用研究》,项目进行时恰逢老师出国学习,项目组成员必须要在解决与老师沟通的时差等众多问题中保证按计划完成实验。我永远不会忘记漫天飞雪的寒假我们五个人围在没有空调、必须开着通风的实验室准备冰浴,也记得酷暑难耐的暑假项目组成员聚在实验室做静电纺丝,高温灯泡总能让我们的实验服湿透。在老师的指导下,项目最终以优秀的成绩顺利结题,我们也发表了一篇题为 Sensitive determination of bisphenol A using a novel solid-state electrochemiluminescence quenching sensor 的 SCI 论文。这段科研训练,让我对未来有了更加明确的认识,也做好了继续读研的准备。

　　大三大四是我全面认识自己的时期,也是我全面成长的时期。校长奖学金、校优秀学生干部等荣誉和奖励让我更清楚地懂得了付出才会有收获,就算是这么俗套的道理,真的只有自己经历过才会明白个中说不清的滋味。

■ 东南枝头　梅花自香

接下来,我即将在复旦大学继续研究生学习。本科的最后一年,我又多了一个身份——学院兼职辅导员,参与学校日常管理工作也让我对东大更加热爱。我真诚地想感谢,感谢过去的所有经历,也感谢母校给予我们每位学子的机会。我要感谢大一迷茫的自己,纵然无所收获,也百般尝试;感谢大二专注的自己,纵然苦坐案前,也充实快意;感谢大三大四忙碌的自己,纵然过程辛苦,也坚持不懈。走过大学的四年,我更加庆幸能有机会比别人多一年的时间回味、怀念和珍惜。我的大学,并不一帆风顺,有过徘徊,有过苦闷,也有过快乐,有过坚定。现在,我依然走在探寻至善的路上,相比四年前,多了的只有更加坚定、永不停下的脚步。我会从东大出发,走向更广的舞台,去看更美的风景!

 钮长慧

> 李佳琳同学是一位全面发展的优秀同学。该生学习刻苦,成绩优异,曾获国家奖学金等诸多荣誉;作为主要的学生干部,对工作认真负责,踏实肯干,任劳任怨;在生活中,她开朗活泼、乐于助人;她在课余时间参加了多个科研项目,具有良好的科研素养和团队协作精神。
>
> 公共卫生学院教授　王　蓓

师长点评

LIU Yuhao 柳雨豪

■ **个人简介**

男,朝鲜族,出生于1997年6月13日,中共预备党员,2015年入学,目前就读于东南大学交通学院道路桥梁与渡河工程茅以升班。获2016—2017年度东南大学校长奖学金、东南大学中南助学圆梦奖学金一等奖;第八届全国高校茅以升夏令营结构模型竞赛二等奖;东南大学优秀学生干部、三好学生。

念念不忘，必有回响
——尝试与拼搏精神的传承

交通学院　柳雨豪

■ 初入茅庐，精神感召

　　大学是一个不断挖掘自我的平台，它为我们提供了无限的精彩与可能。我以为，大学里最重要的不是获得了多少奖学金、获得了多少荣誉，而是磨砺品性、陶冶情操，使自己成为一个思想端正、心地善良、有着正确的人生观、世界观、价值观的健康青年，让自己成为温暖他人的那团火，成为社会的中流砥柱。而尝试与拼搏的思想观念让我的大学乃至人生不再平淡。

　　初入大学的我，懵懂但对新生活充满向往，我渴望在这里开创属于自己的新篇章。清晰地记得，在大一的院运会上，我参加了自己高中时代便十分热爱的男子百米项目并获得院季军，如愿进入了院田径队。然而当我身处高手如云的院田径队时，没有专业训练基础的我处处捉襟见肘、无所适从。我不再是高中那个天之骄子了，在这里，我显得孤独而渺小、无助而平凡。我机械地参加各项基础训练，可并不能看到成功的希望，校运会马上就要来了，可队内其他学长优异的成绩让我始终难以望其项背。

　　就在我心灰意冷之时，许映泉老师的出现如漫漫长夜中的一盏明灯，为我带来了希望与转机。我的身高只有170厘米，四肢并不修长，但是许映泉老师察觉到了我身体的协调性和柔韧性，他向我提出了一个大胆的建议——参加110米栏。刚刚听闻这个消息时，我的内心是大为震惊的，我从未想过我这样一个小个子能参加这个项目，我很自然地打了退堂鼓。不仅是我，我身边的老师、同学、我最好的朋友，甚至是我的父母都认为我参加这个项目显然是天方夜谭。我向许映泉老师阐明了自己的心迹——我去训练这个项目完全是在自取其辱。

许映泉老师是交通学院体育事业的重要推动人，如今已经78岁的他，还始终战斗在交通学院体育事业的第一线，他是广受尊敬且备受爱戴的交通学院体育界灵魂人物。他的脸上始终挂着春风般的微笑，沁人心脾而给人一种踏实感。矍铄的双眼透着睿智的光芒，一股英气萦绕在他的周围，让人不自觉地被感染与影响。就是这样一位老人，成了我在体育领域乃至人生中的"伯乐"。许老师鼓励我抛却他人的看法，勇敢地去尝试新事物，挑战自己。他了解到我非常担心在校运会赛场上失败而遭到同学们的耻笑，于是耐心地开导我：没有人会嘲笑赛场上的运动员，因为运动员不管取得什么样的成绩，他永远是学院的英雄。当一个人为了自己所在的集体竭尽全力时，他都是值得赞扬的。

我的内心挣扎着，初入大学校园的我不希望出丑，十分畏惧失败。每个新生都希望展示自己的优秀，希望将自己最好的一面展现给他人。这种恐惧与犹豫让我始终踌躇不前，我发自内心地认为自己没有能力与那些长腿运动员同场竞技，更不要说取得成绩了。最终，许老师的一句话点醒了我："年轻人失败的成本是最低的，现在失败，你几乎不会失去任何东西，而去尝试，你也许会开启一扇属于自己的全新大门。就算失败，你也确切地认识到自己能力的不足，而不是仅仅停留在想象。"一语点醒梦中人，我终于幡然醒悟，是啊，我没有什么东西可以失去，因为我现在是一张白纸。许老师已是身经百战，他见过太多的运动员，想必许老师也是经过仔细的思考才向我提出了这项建议，我应该相信自己。

此后，我开始接受许老师的系统训练。此时距校运会时日不长，留给我训练的时间并不宽裕,但是我虚心接受许老师的教导,刻苦训练,能力稳步提升。终于到了校运会的日子,我清晰地记得在签到和热身时身旁那些矫健的运动员们,每个人都是那么英姿飒爽,每个人都是那样高大挺拔。在热身和训练时,我仿佛能听到其他运动员的窃窃私语,想必他们也未曾想到我这样一个小个子也能参赛。

站在决赛跑道前,我是选手当中最矮小的,身旁的大个子运动员在无形之中给了我很大压力。但此时我已顾不得那些看法和眼光,我的眼中只有终点线,我屏息凝神等待着发令枪响。出发!起步!上栏!一气呵成。我调动起全身每一块肌肉,拼尽全力冲向终点。我用自己成熟的技术动作力拔头筹,最终获得第五十七届校运会男子甲组110米栏金牌。

在欢呼声、掌声和赞美声中,我戴上了那枚期待已久的金牌。我做到了,我真的做到了,我用自己的汗水证明了万事没有不可能。

■ 轨迹转折,厚积薄发

这次经历彻底改变了我的人生轨迹,我开始勇敢地尝试很多自己未曾想过的事情。其中有成功也有失败,但是每一次成功与失败都给我的人生添上了浓墨重彩的一笔。

从此,我坚信,只要我勇敢地去尝试、去拼搏,很多事情并非不可能。大一的期中考试,我的分数并不理想,这使我有些心灰意冷。许老师的话又给了我启发,我相信只要我努力去尝试,我也有可能成为众人羡慕的"学霸"。经过不断摸索与努力,我果然取得了不错的成绩,最终在多个学期获得了4.0+的绩点。

■ 念念不忘,传递灯火

大一下学期时,学校里有一场校园集体舞大赛,最高奖金为一万元。这项比赛要求每个队伍必须以班级为单位参加,不能邀请外援。这无疑是一场实力的对决,更是一场凝聚力的挑战。当时担任班长的我,心中萌生出一个想法,我想带领班级同学参加这项活动。虽然很多同学没有舞蹈基础,但我要将许映泉老师给我的启发分享给更多的同学,我想,我是时候成为那个传灯人了。

起初,大家都不愿意参加这项比赛,他们和当时犹豫于参加110米栏的我一样,都认为自己没有能力去跳舞。我像许老师一样启发同学们,大学拥有无限的可能,不能囿于自己想象中的安全区,要勇敢地去挑战自己。最终在我和几位热心同学的建议与鼓励下,21A155班舞蹈团终于成立了。

不知经历了多少艰难困苦,也不知挨过了多少个夜晚。我们这个几乎没有舞蹈基础的团体最终取得了这项大赛的亚军。当时正值忙碌的大一下学期,课业和工作压力都非常繁重,在那个时间取得这样的成绩,其中的辛劳与苦累不可言喻。我只记得那段日子中,许老师教给我的尝试与拼搏精神始终是我的灵魂信标。也正是为了传承这一思想与信念,才让我度过了那段艰难的时光。这次参赛经历使班内同学的凝聚力坚不可摧,同学们似乎都被那种尝试与拼搏的精神所感染,大一余下的时间,我们相处得十分融洽,共同披荆斩棘,取得了一连串喜人的成绩。我们共同获得了"交通学院先进班集体"称号,身为班长的我,很荣幸地获得了东南大学"优秀学生干部"及交通学院"优秀学生干部"双项荣誉。这让我十分欣慰,我们不但获得了丰硕的奖项,更凝结了坚不可摧的精神力量。

在已经过去的大学生涯中,我秉承这种信念,尝试了丰富多彩的生活。我曾经以支教教师的身份前往南京市江宁区东善桥小学为那里的孩子带来拓展课程,孩子们的盈盈笑脸至今还能清晰地浮现在我的脑中。创新竞赛、结构竞赛、大学生骨干研习营、东南大学国家大学生文化素质教育基地成员、2016年新生文化季闭幕晚会工作人员,我在一次次活动和经历中释放着自己的光与热。因为我始终坚信,只要去做,任何事情都不会像你想象的那样糟糕。

继往开来，秉承茅老遗风，创新世辉煌。我很荣幸的在大学二年级进入道路桥梁与渡河工程茅以升班，并成为班长。身为茅以升班的班长，我深觉自己肩上的担子更加重了，我不再仅仅代表个人，而是茅以升人的代表。茅以升先生是我国著名的桥梁学家，他对国家建设事业的热忱深深影响着我，先生功勋卓著，但最令人敬佩的是他的家国情怀，是他那种"苟利国家生死以，岂因祸福避趋之"的人生境界。尽管我的思想境界尚不可及，但我依然希望能尽自己的绵薄之力，凝聚班级之力，共做新世纪茅以升人。古语有言，念念不忘，必有回响，有一口气，点一盏灯，有灯就有人。在老师和同学的帮助和努力下，2015级茅以升班不断开拓进取，取得了包括"东南大学甲级团支部""交通学院优秀班集体"的荣誉。在不断进取、开拓创新的思想引领下，我相信茅班人会节节攀高。而我本人也将在不断的历练与思考中成长与成熟。

精神力量是坚不可摧的，也是走过人生路的动力源泉，我很感谢一路走来的各位老师、各位同学对我的教导，我将心怀对已有的一切的感激，锐意进取，砥砺前行，在完善自身的同时将我所坚信的探索与拼搏精神继续传扬给更多的人。

 罗 磊

柳雨豪同学品行端正、乐于助人、责任感强、踏实肯干，具有良好的探索精神。该同学成绩优异、文体见长，积极参加各项学术、体育、文艺活动，是一名全面发展、品学兼优的新时代大学生。

东南大学交通学院教授博导　杨　军

JIANG Su 江 苏

■ 个人简介

男,汉族,1995年5月出生,中共党员,机械工程学院机械工程专业2014级学生。曾获国家奖学金、博世奖学金;第五届全国大学生工程训练综合能力竞赛一等奖,2017年全国大学生机器人大赛三等奖;江苏省"优秀学生干部"、东南大学"优秀党员"等荣誉称号;国家级项目优秀2项;实用新型专利1项。

赤心不灭，以梦为马

机械工程学院　江　苏

本科四年中，我曾担任过许许多多的"角色"。在班级里，我是一名班长，带着大家拔河夺魁，领着大家外出"阳光骑行"，给大家解决学习、生活上各种各样的"小事"。在学院里，我是团委副书记，我策划过各类大型团学活动。在机器人实验室里，我是东南大学机器人俱乐部的主席，实验室见证了我的大学科研生涯。在贵州大山里的讲台上，我又是一名老师……

■ 赤心不灭

刚进入东大的那个暑假，当我得知"至善黔程"这个支教活动时，我毫不犹豫地报了名。我很庆幸，能在如此高的淘汰率下被选中，与此同时，我也感到自己身上沉甸甸的责任。在贵州高芒支教的日子，是我最难忘的一段时光。也许我并不能给孩子们带去太多的知识，但是我想把自己最美好的童年分享给我们，用我的赤心去感染他们，去引领他们。于是，我用自己最擅长的应用物理方面的知识，教孩子们了解科学、了解生命、了解这个世界，我教孩子们制作弓箭、捕鱼"神器"，教他们用更阳光的自己去点亮周围的世界。

除了是各个年级的科学和物理老师，我还是队员们的大厨。每天充实的生活，和孩子们一起无邪的光阴，还有淳朴的民风，让我越来越感受到生命的可爱，我也越来越体会到自己对于这个世界的价值。支教期间，我也更加清晰地看到中国东西部的差距之大,感受到肩上的使命之重。

就在今年,我作为学生负责人,又一次带领一批志同道合的同学深入祖国大西南地区,赴云南开展"牵手彩云,筑梦云端——2017至善东南"科技夏令营的社会实践活动。此次活动中,我担任了三班班主任,此外在活动过程中还负责破冰的素质拓展活动与机器人俱乐部的展示活动。

五天虽然很短,但是留下的回忆很多。在每一个活动、每一个展示中,同学们都会用心去完成任务。无论是校园寻宝、机器人制作,还是结构大赛,他们都会发挥出超乎我们想象的创造力。他们并不乏智慧和创造力,他们所缺的,仅仅是创造力发挥的空间。课堂上,我可以看到孩子们眼睛里发出的光,那种对求知的欲望和对新鲜事物的好奇。而我们的云南之行,正是给他们打开了一扇通往未知世界的窗户。

■ 以梦为马

2014年的秋天,带着对"机械"的一股纯粹的热爱,我毫不犹豫地报考了机械工程学院。进入大学以后,我就开始接触各类竞赛。大二那年,我接触到了一个全新的科研组织——"东南大学机器人俱乐部"。东南大学机器人俱乐部见证了我本科期间的科研经历和成长历程,我从拧拧螺钉打打杂,到亲身经历了整整两年的国家级机器人赛事,无数个日日夜夜的历练,让我成长为机器人俱乐部主席。

在实验室里,凭借着科研方面的技术积累与广泛的影响力,我很快就担任了机器人俱乐部技术组的副队长。从队员到队长,我知道自己身上的担子更重了,真正的科研之路才刚刚开始。在实验室里,一群和我一样对科研充满激情的志同道合小伙伴,为了准备这个比赛,我们展开了为期一年的备赛。在实验室里,会有思想火花碰撞的激烈讨论,会有一筹莫展的彻夜难眠,当然,也会有柳暗花明的激动万分。

由于上一届的比赛成果止步于分区赛,故而本年的比赛压力尤其重。在决定俱乐部荣辱兴衰的一年,我与搭档共同商讨,改进管理制度,加快进度。在熬过了无数个日夜、经历过了无数次失败的考验之后,我们终于不负众望,在分区赛中取得了一等奖,同时在深圳的全国赛中获得了三等奖的成绩。

接手机器人俱乐部主席之后,我结合俱乐部的运营现状,大刀阔斧地进行了俱乐部的架构改革。至今,俱乐部架构已完成改革,不仅对运营组和技术组核心成员进行大换血,同时大大提升了运营与技术部分的联系,焕然一新的机器人俱乐部,更高更远的目标,指日可待!

除了在科研方面担任负责人,在学院学生工作中,我也是尽心尽力,毫不懈怠。任机械学院学生会的秘书处处长时,我主管学生会财务报销事务,规范了报销流程;任机械学院团委副书记期间,我开创式地策划组织举办了"机械学院2016年团干部研学班"系列活动,着重提升团干部的自身素养、提高团干部的工作能力,作为主要负责人组织了机械学院百年院庆的"校友论坛"活动等。其中,在策划"东南大学颁奖典礼"期间,我组织工作人员开过十多次会议。由于之前没有类似大型颁奖活动的借鉴,在策划过程中遇到过许多问题,开会的时候常常忙到凌晨。最后,本活动圆满成功,并产生了广泛的积极影响力。

光阴如水,眼看大学生涯已在悄然渐逝。我已顺利保送至华中科技大学攻读硕士学位,而这又将是一个全新的开始。我欲以梦为马,只愿不负韶华!

 刘宗涛

师长点评

江苏同学在校期间尊敬师长,团结同学,求知欲强,成绩优秀。他有着很强的社会责任感,用切身行动诠释了"服务"的含义。他同时又是一个有领导能力、勇于担当、积极进取的学生,他的广泛影响力与强大的团队凝聚力很好地体现出了"优秀干部"的品质。

机械工程学院教授 帅立国

练 强

LIAN Qiang

■ 个人简介

男,汉族,1995年10月出生,中共党员。2014年8月至今就读于东南大学土木工程学院土木工程专业。2015、2016年获国家奖学金;2016年获"三好学生标兵";2017年获"江苏省优秀学生干部"。任职土木学院本科生党支部书记、学习督导、班指导、东南大学万科俱乐部组织部部长等职。

不安现状，向前奔跑

土木工程学院　练　强

我叫练强，来自福建省武平县农村。我的家乡是贫困县，地处武夷山脉之南。爷爷奶奶是农民，文盲，父母也是农民，小学文化，虽说富不过三代，穷也不过三代，然而在我们那样的地方，山围着山，从村里到县城需要经过九曲十八弯的乡村公路，公路盘绕于山间，时而升至山顶时而降至山脚，遇到暴雨天气，滑坡与塌方是常事，叫人看不出发展的希望，乡村继续穷下去是极有可能的。

上小学时，村里的学校只有几个人在上学，上学的同伴都特别顽皮，在教室的课桌上用刀随意划刻，在教室的墙上打洞，而老师匆忙上完课也回家喂猪了，并不在意我们的学习，因为我们根本就不是读书的料，上完小学就读不下去，跟着叔叔伯伯们去沿海城市打工了。好在，命运总是眷顾我。舅舅是一名高中教师，他知道教育的重要性，努力地说服我的爸爸妈妈，能够改变家庭的是教育，家庭的未来需要教育！

为了让我更好地接受教育，父母千方百计地把我送入县城读书。学校离家远，坐班车去县城需要两个小时，我只能寄宿在老师家，每两个月才能回家一次或是父母来看望我一次，那时我才9岁。每当晚上，我会感到孤独，想念父母、想念温暖的家，每次和父母打完电话，手里紧紧地握着捏热的话柄久久不放，每次离开父母，都会一步三回头地看，直到再也看不见为止。

我会羡慕，羡慕同龄的孩子都和父母在家里一起吃饭、一起看电视，他们时刻有父母的关爱，跌倒了、疼了父母就在身边，放学时下雨了父母总是会来接，而我，只能呆呆地在教室等雨停，或是冒着雨冲回去。为什么我的父母不能够给我一个快快乐乐的、无忧无虑的、和他们一样的生活？

偶尔会抱怨、会难过，但是，我也知道，父母为我付出了很多，他们为这个家辛勤地劳作着。我深深体会到他们的不易，而我正是这个家庭未来的希望。我立志要好好学习，努力奋斗，不辜负他们的期望。

成长的环境磨炼出我勤奋认真、艰苦奋斗的品质，努力学习，为将来有所成就的梦想在我的心里扎下了根。我虽来自普通家庭，但我早已树立起自己的远大抱负，我不想做一个平庸的人，我不是一个平庸的人，我要对家庭、对社会有所贡献！

一路走来，我的学习成绩名列前茅，高考以全省八百名的成绩考入东南大学土木工程专业。大学是一个崭新的起点，我早已定下宏大目标，要在大学历练出更强的自己：好好学习，做个学霸；交往很多朋友、认识很多的人；参加一些社团，锻炼自己的社交能力。

我想着，我不能白白浪费了我的大学生活。所以大学一开始就要做好，一开始就不能出错。如果现在遵循着自己所想的方向，做好第一件事，开一个好的头，接下来的生活就会沿着自己的方向走了，如果自己的开头都没有做好，接下来就有可能不断地放弃，不断地拖延，最后意识到问题的时候，要实现自己的目标就会很艰难了。

好好学习，学好自己的专业是我大学第一要务。为了让自己能够更认真地听课，让自己全神贯注于老师讲授的内容，上课时我总是会跑着去坐第一排的座位。课后保质保量地完成作业是最基本的要求。空闲的时间，我会去图书馆、教室学习。在大一学年第一个长学期的第一个月，我就把高等数学上册的书预习完了。

第一个长学期结束，我的成绩在年级三十名左右，虽说良好，但是仍不能满足我的追求。自己能不能再优秀一点呢？我相信自己是可以的。到了第二个长学期，我认真总结并反思了我上学期的经验与教训，认为自己尽管掌握了书中的知识，但是还不能够熟练地加以运用，不能驾驭所学的知识。于是我更加地刻苦钻研，除了能够将老师布置的任务完成好，自己还做许多额外练习，让自己运用知识的水平得到大大的提升。其间，我多次地问自己，这样做有意义吗？这样做有效果吗？我总能想起以前高中班主任鼓励我们的话，既然选择了做，就一定要把它做好，不然就不如不做，没有达到100，0和99都是一样的。我克服了学习中的种种困难，战胜了自己退缩的心，在第二个长学期获得了较大的进步，高等数学、大学物理和C语言三科满绩，高等数学竞赛获得了校一等奖，综合成绩提高到了年级第6名，我对自己感到骄傲和自豪。

有了奋斗带来的成就感，我在接下来的学习道路上高歌猛进，2015年9月获2014—2015年度国家奖学金、东南大学三好学生荣誉称号，2016年9月获2015—2016年度国家奖学金、东南大学三好学生标兵荣誉称号，累计11门学科31个学分满绩，累计获得11门课程奖。竞赛方面，获校级一等奖3项，省级一等奖2项，省级特等奖1项，全国三等奖1项；研学项目上，发表期刊论文一篇，录用EI论文一篇，受理专利一份。截至目前，累计SRTP学分达22分。

我所渴望的大学生活仅仅学习是不够的。大学如果仅仅是学习，那么和高中又有什么不一样呢？我是一个害羞的人，但是，到了大学，总该有些改变吧。我要走出我的第一步，哪怕是很小的一步。我竞选并担任了我们班的学习委员，学习委员是一个不大的职务，但这是一个让我能够为班级付出，可以为班级贡献自己力量和与更多同学交流的平台。我很认真地做好我们班级学习方面的工作，收发作业、带领大家一起学习，自己也比较擅长画法几何、高等数学等学科，除了自己学习外，我还会帮助身边的同学理解老师讲授的内容并且将自己对相关知识的理解教给同学。我很快地融入了我们班这个大集体中,我们来自祖国的大江南北,我们组成了一个大家庭,在这里,我体会到了班集体的温暖。我认识与结交了很多知心的朋友,一起上自习、一起吃饭、一起聊天、一起游玩,体会大学生活的丰富多彩。

在与周围同学的相处中,我感受到了别人的优秀。别人的优秀不仅仅在于学习,还在于其出色的领导力,令人称赞。我想,我也要向他们学习,提升自己的影响力,主动承担学生工作,为学院做一点自己的贡献,把自己"推广"出去。

于是,我去面试学习督导职位。来到学办,面对一群班指导,我的脚禁不住发抖,感到紧张。班指导们只提问了三两个问题就让我走了,走出学办,关上门那一刻,我感觉世界崩塌、无比失落,看着其他面试的同学谈笑风生,我意识到我太差劲了,需要好好努力,奋发图强。好在一位班指导觉得我学习成绩不错,人还靠谱,让我做他的搭档,于是我有幸成了学弟学妹们的学习督导。一开始给学弟学妹们开班会是紧张的,我的每一句话他们都当作"真理"一样,很认真地听,我也焦虑自己会表现得不够好,没有将他们带好,但是无论怎样都要硬着头皮上,努力让自己更好地发挥。

之后我们年级成立了党支部,需要设立一名支部书记。我早已"觊觎"这个职务很久,当辅导员老师提出谁要担任这个职务时,我立马站出来,生怕有人抢了先。从第一次开支部大会开始,自己便成了这个组织的长期主持人,那就一定要好好地表现自己,从一开始开会匆匆忙忙走流程,到后来自己能在大家面前说上一两句,再到后来可以拉大嗓门大声发表自己观点,谈论思想道德、行为纪律,我看到了自己的进步,自己越来越成熟稳重了。

后来又担任了班指导、万科俱乐部组织部部长、土木学习中心负责人等职位,虽然工作上也有做得不足的地方,但总是能够往好的方向前进,所做工作也从一般到越来越好,再到出色。学生工作给予了我很多在大家面前展示的机会,自己也慢慢地提升了与他人沟通的能力,在大众场合也不会紧张了。我感谢当时的我能够克服胆怯,去竞选各种职位,这些职位让我不能退缩,因为我就是学督班导,我就是党支部书记,我就是部长,这些会议都需要我主持,我都需要发表自己的见解,我需要号召大家向前进。因为没有退路,所以选择一往直前。我觉得我是幸运的,因为我有这么多表现的机会,我是一个有准备的人。

大学,应在勤恳与踏实中度过。大学的奋斗,铸造了崭新的我,实现了自己的预期目标,努力学习、认真工作,为自己喝彩!回想过往,也存在着许多遗憾。自己还存在着许多的不足,还需要向更多优秀的同学看齐,取长补短,互相帮助,让大家一起变得更加优秀!未来的路还很长,我会带着对未来的梦想继续前行,做自己要做的事,不负青春年华!

 周亦珩

师长点评

练强同学的求学和成长经历,使我更加坚信:"优秀"是在明确目标指引下的一种习惯,也使我更加确信"坚持"的力量。我希望练强同学秉持"止于至善"的校训,在自身的不断努力和大家的共同帮助下,能够越来越优秀!

土木工程学院教授 徐赵东

YANG Xiaolei 杨晓蕾

■ 个人简介

女，汉族，1996 年 6 月出生，中共党员，东南大学外国语学院英语系 2014 级学生。曾获东南大学教育基金会奖学金；大学生英语能力竞赛国家二等奖；获江苏省优秀学生干部、江苏发展大会优秀志愿者、东南大学优秀学生干部、优秀团干部、社会实践优秀个人等荣誉称号。

致我在九龙湖畔的三年

外国语学院　杨晓蕾

不知不觉中,我已经成为了本科生里最接近毕业的那群人。原本在校园里走几步就能碰到的学长学姐们,都已经走出校园,向着各自的梦想迈进。我已经在九龙湖畔学习生活了三年多时间,而今后很荣幸地,还会有三年多时间陪伴在她身旁。过去的一千多个日日夜夜是忙碌而充实的。我曾见过校园里宁静而幽深的黑夜,也见过清晨体育馆后的天际线微微泛红的景象。总有一些琐事会被悄然忘记,而还有许许多多,是无论如何都不会忘记的。

■ 不忘初心,继续前进

在一年前学习习近平总书记"七一"讲话的时候,我就特别喜欢这样一句话——不忘初心,继续前进。当时的我还是一名普通的预备党员,现在已经成为外国语学院本科生党支部书记了。而刚入校时递交入党申请书时的紧张,团内第一次推优就被选上的激动,到现在大大小小的会议学习和活动里许许多多不一样的心情,都还仿佛就发生在昨天。外国语学院本科生党支部是我的精神家园,我们一同商议党日活动,一同成长、一同进步。我参加了心理知识竞赛,参与了为校园建筑和路标增设外文翻译,还参加了"两学一做"学习、学习了十九大报告。大三那年,我组织支部成员参与了微党课设计竞赛活动并获得了一等奖,现在也在积极申报领航计划,争取将党支部做成品牌,真正成为同学们心中的精神引领。

■ 不忘学术,潜心钻研

"学习"对我来说有着非常宽泛的定义。除去文学、语言学、翻译等本专业相关的学科之外,校园内的每一次讲座、每一个项目、每一种想去尝试一下的竞赛都是我学习的极好途径。我通过了国际高级人才考试,专业四级也取得了优秀,课余时做做字幕和听译,参加英语话剧大赛。除此之外,我辅修了工商管理,尝试了本科生创新体验竞赛并获得了二等奖,参加了创业类国家级项目,现已成功结题。我相信,以当今的社会发展,学科不应当仅仅局限于其专业内,而搭建学科与学科之间的桥梁,融会贯通将其应用,才能获得"一加一大于二"的效果。

大三学年刚结束期末考试,我就飞往香港,前去参加香港理工大学国际创新创业大赛。我与团队一同认真筹备,前前后后修改了近十版PPT和讲稿。在香港与各国团队交换想法、碰撞思维火花。回到南京,我被保送了研究生,即将去经济管理学院学习企业管理。而我也希望尽一己之力,结合英语和管理知识,推动我们的好想法、好项目走出国门,与各国青年一起造福世界。

■ 不忘责任,尽心尽力

身为本地人,家就在十几公里之外。但在九龙湖校区,我也有一个家,这就是171142团支部。从大一刚进校开始,我就担任了团支书。因为专业的缘故,我们平日里都一起上课,同学们之间的关系也分外融洽。到现在,有时并不需要说话,就可以知道对方的想法。我在支部中积极传播知识,开展如读书学习会、饺子宴等团日活动。大二时,我支部申请到了校级重点磐石计划"我与东大有个约会"并于上个月成功结项,成为学校的优秀项目。

我带领支部举办了"致母校的三行情诗"和"相约牌区——四牌楼校区不定向越野"活动，向全校同学提供了向东大抒发爱意以及前往四牌楼校区找寻东大古建筑文化的机会，这些活动有来自十余个院系的同学积极参与并获一致好评。我还为班级制作了一本全彩班级日志，现在已经达到59页，上面记录了支部两年多时间的点点滴滴。

在外国语学院这个大家庭里，我也努力着，希望能多帮一帮老师和辅导员。专四考试前几个月，我作为负责人不停地与老师商定补课时间，好让同学们有更多的机会答疑。我在外国语学院学生会体育部做过干事，在辩论队里待过两年。体育赛事时绞尽脑汁调动同学们的运动积极性，辩论赛挺直腰背，坚定地阐述自己的观点……这些都是我最最美好的记忆。大二的院系杯，我作为女排队长，与学妹们一同奋斗，在大小院系的混战中拿到了第五名。大三时，我完成了自己的另一个梦想，成为了2016级英语3班的班级指导，帮助学弟学妹们更快地融入大学生活，并把我大一时很久都没有弄清楚的诸如人文讲座、SRTP学分等事情一一与他们说清楚。看着新一届学弟学妹也能愉快地开始他们的大学生活，满心的成就感油然而生。

从大一开始，我就加入了校团委创业实践部，如今已经一路留部，做了副部长。与部长老师一起，我们也开始寻求部门定位的改变。除去校园创业者服务这样一项基本工作，也要更多地增加部门内部同学的知识储备，培养校园内创业者的人才储备。当初做一点小事都会不知所措，请教老师和学长学姐，到现在承办一个四五百人的讲座毫不费力。我想这大概就是成长的感觉吧。为了让大一同学们参与到项目中来，体会到做项目的乐趣，同时也提前为创青春打磨，我特地找了教务处老师，将创业类项目组队的上限从5人调至6人，让更多专业的同学组在一起，探索创新创业精神。

三年的学生工作，给予我的荣誉远远超出我的想象。我被评为江苏省优秀学生干部，两次被评为东南大学优秀学生干部，两次被评为优秀团干部以及活动积极分子。我所在的团支部获得了江苏省先进班集体、东南大学先进班集体、特级团支部等荣誉。而奖项并不能更多的说明什么，只有继续努力为同学们做实事，才是我做学生干部的初心。

■ 不忘实践，系心远近

虽然大学被称作象牙塔，但在我看来，我们大学生最终还是会回到社会中去的。我也在课余时间里，参与到了各种各样的社会活动中去。今年暑假，我前往湖北恩施土家族苗族自治州巴东县进行了为期三周的支教活动。我给孩子们讲解了很多世界文化，包括地理、语言、手工、礼仪等多方面知识，教会他们自主学习的方法，带领他们看到一个更大更广阔、更美好的世界。同时我们也组织演讲，让孩子们走上台前，展示自我。我们一起打过地铺，一起在没电的地方打着手电筒洗衣服。从山区孩子身上学习到许多的同时，也收获了一批最亲密的小伙伴。

从湖北回来后，我作为组长还对大学生受诈骗情况进行了一系列的调查，走访了各大高校保卫处和各地派出所，并积极帮助东南大学保卫处在新生中宣传预防诈骗的种种方式和手段，最终被评为校级一等奖。能得到这样的肯定，我非常高兴，但与此同时我也时刻牢记在采访东南大学保卫处治安科科长时候的话"要从身边做起，从努力提高身边同学的防骗意识做起"。

与此同时，我也通过校团委志工部、海外教育学院等，参与了多次大型会议和外国游学访问团的志愿者工作。从学院的田纳西英语夏令营，到海外教育学院的德国巴登-符腾堡州立大学游学团，我结识了来自美国、德国、白俄罗斯、澳大利亚等来自不同国家、不同文化背景的新朋友。我带着他们走遍南京的各大名胜古迹，告诉他们其中蕴含的点点滴滴的中华文化。每一座古建筑，从墙砖到房顶，都有着不一样的故事；每一桌美食背后也藏着满满的传统礼节。去夫子庙，感受古代科举地与现代商业街的完美结合；

访南京大屠杀纪念馆，直观地看到那一段永远无法忘记的历史。我在 2017 全球未来网络发展峰会和江苏发展大会上担任了 VIP 志愿者，负责中科院院士、美国联邦最高法院出席律师等重要嘉宾的接待。

我还参加了江苏省团委组织的省级机关实习，去省级机关医院的人事科见习了如何以三个人之力运转好医院六百多人的人事工作。我也到长江路小学，从一年级代课到六年级，在实践中探索如何将知识生动有趣地传授给不同年龄阶段的孩子们。自江苏发展大会志愿者出征仪式上，我作为东南大学代表，接过了王书记的旗帜的那一刻起，我就接过了作为志愿者的使命和力量，而我也会在今后，将这份力量传承发扬下去。

青年兴则国家兴，青年强则国家强。无论是作为学生、党员、干部、志愿者，我都会在今日比昨日更加努力，不忘使命，奋发前进。

 徐雪宁

师长点评

杨晓蕾同学在班级、院系和校团委都担任学生工作，学习态度端正，勤奋好学，善于思考，善于表达和交流。平时与同学相处融洽，尊重师长，乐于助人。在课余时间积极参与各类竞赛、项目、志愿者活动。是一位品学兼优，综合能力强的学生。

外国语学院教授　李霄翔

ZHANG Jiazhi 张嘉智

■ 个人简介

男,汉族,1995年12月出生,共青团员,机械工程学院机械工程及自动化专业2014级学生。曾获得校长奖学金、"远景未来"奖学金;华东区大学生CAD应用技能竞赛一等奖、东南大学创新体验竞赛一等奖;江苏省优秀学生干部、东南大学优秀学生干部及三好学生两次。

不忘初心,止于至善

机械工程学院　张嘉智

自 2014 年 9 月我加入东南大学机械工程学院学生会、科技协会以来,已经经历了三个年头。在这从事学生工作的三年时间里,我经历了从一名干事到主席的成长蜕变。2016—2017 学年,是我在机械学院学生会工作的最后一年,作为主席,我兢兢业业,面对各项挑战毫不畏惧,尽心尽力地带领学生会解决了一个又一个难题,成功举办了一项又一项活动,可以说自始至终践行了自己当初参加学生工作时的初衷,并且一路上秉承止于至善的精神,最终站好了我在学生会工作的最后一班岗。

■ 融合发展,继承创新

"机械新百年,改革与发展,努力建设融合型、服务型的学生会"这是我在 2017 年机械学院学代会上做出的学生会年度工作报告的题目。

恰逢机械学院百年院庆,学院各大社团进行调整,合并组建形成了一个庞大而全面的新一届学生会。在我看来,学生会整体的继承与发展是本届学生会的工作重点之一。而这一观点,我在学生会主席团换届选举时就已提出。在组建新一届学生会之时,作为当时副主席的我主持制定了新一届部长级换届条例,从内部建设角度和人力资源管理角度出发,根据面试情况以及部长以往工作经历和未来工作设想,任命了一批有经验、有想法又踏实肯干的部长级成员,为学生会的发展奠定了充实的人才基础。

由于原科技协会的合并，学生会工作内容有所增加，之前有着两年科技协会工作经验的我主动提出承担起科技部的管理任务，与科技部部长一起，在一年的时间里先后成功承办、举办了原先由整个科技协会负责的东南大学创新体验竞赛、南京地区高校机械科协交流会等活动。结合改革之后的学生会组织架构情况，我根据以往举办活动的经验，发挥主观能动性和创新意识，合理配置学生会的资源，以更精简的人员，更少的经费，办出了比以往效果更好的活动。这些活动的成功举办，为学生会增添了在科技研学方向上的职能，进一步实践了学生会为同学服务的宗旨。

■ 工作为重，学习并举

由于学生会组织架构改革，社团融合，学生会职能日趋多元，同时日常工作量也成倍增加。当时作为3个主席团成员之一的我，必须承担起相当于原4个主席团成员的工作总量，其忙碌程度不言而喻。然而大三年级，在专业基础课尚未结束的情况下，专业主干课也纷至沓来。如何在繁忙的学业任务下，妥善处理好学生工作，成为我面临的一项难题。而其中学习和工作冲突最为尖锐的一段时间，是在2016年年底。

时值年末，各学院的迎新晚会都在如火如荼进行，节目、道具、宣传品，几乎可以涉及学生会的每一个成员。"中国脊梁 东南担当"2016年东南大学本科生奖学金颁奖典礼按计划于12月23日在焦廷标馆盛大开幕。这次颁奖典礼是全校范围内第一次举办对于大型奖助学金的颁奖典礼，涉及全校各院系各年级同学。不仅如此，历时两个多月的创新体验竞赛根据计划也在12月份迎来作品终审答辩暨闭幕式。创新体验竞赛，作为开学之初的一大竞赛，共有全校2 500多名同学参与比赛，竞赛规模之大，参与人数之多，堪称全校闻名的竞赛之一。

三大活动，每一项都具有重大意义，每一项都需要大量的人力物力，每一项也都牵扯着学生会主席们的大部分精力。然而，对于像我这样的大三年级的部长级同学来说,还要面临着专业主干课程的期末考试。正如在加入学生会面试时,我在"工作和学习发生冲突时选择工作"的回答一样,我选择将大部分精力放在学生工作这边。当时,同时作为创新体验竞赛学生负责人和颁奖典礼学生负责人之一的我,为了能够让两个大型活动之间有一个尽量充足的间隔,以给予其他参与学生会工作的同学以活动准备的时间,保证两项活动的顺利进行,我大胆创新性地改变了创新体验竞赛的日程,将决赛答辩时间提前整整一周。这一举措,虽然为之后的颁奖典礼工作组留出更多的时间,但这大大压缩了创新体验竞赛科技部工作组和我自己的学习的时间。当时的我正在进行两项竞赛和期末考试的准备工作。由于时间的限制,我不得不放弃其中一项竞赛,专门准备卓越大赛的复赛和期末考试以及临时提前的创新体验决赛答辩环节。作为负责人,我和科技部部长一起挑起重担,一边复习备考,一边积极准备终审答辩现场的各项事宜。最终,创新体验竞赛圆满落幕,而参与的卓越大赛也获得了三等奖这一还算不错的成绩。忙完了创新体验竞赛,我又立刻投入到颁奖典礼的准备工作中。在那两周,颁奖典礼的准备工作和期末考试的安排可以说是"完美贴合"。为了做到工作与学业兼顾,我只能将复习备考和工作穿插进行。每门课程我都只给自己留下必要的时间复习,仅复习一遍之后即参加考试。由于平时坚实的学习基础,这些课程的平均绩点仍然维持在 3.5 左右。12 月 23 日下午,颁奖典礼一切顺利地如期举行,然而就在当天上午,长学期第 13—14 考试周的最后一门期末考试才刚刚结束。而前一晚,作为负责人之一的我,为了确保第二天颁奖典礼能够顺利进行,在焦廷标馆足足留到晚上十一点多熄灯时才返回宿舍开始复习这最后一门课程。这些大型竞赛活动的成功举办,都离不开我们这些兢兢业业、克己奉献的同学们的辛勤付出。

■ 竞赛研学,齐头并进

除了工作和学习,进入大三年级后,随着对专业课程的陆续学习,我对竞赛科研方面的兴趣愈加浓厚。大三一年，我同时参与 SRTP 项目两项、校内校外竞赛五项，并取得多项好成绩。其中，奖项最高的当属华东区大学生 CAD 应用技能竞赛一等奖。作为机械专业的必备技能，熟练掌握 CAD 使用技能是必需的，然而，机械学院却没有开设相关课程。自大一起，我就开始自学 CAD 的使用技能。俗话说"成功安装是学会使用一款软件的一半"。无论是专业教学书籍还是网上教程，我都一一认真阅读学习，从安装软件到正版授权，从图线绘制到图样编辑，CAD 软件从开学新电脑购买的第一天起，就伴随我始终。

大一下学期，随着机械制图课的开始，我正式接触到机械图样。在每完成一次手工制图后，我都会将其转成 CAD 电子图样。大二年级我第一次参加了 CAD 应用技能竞赛，然而结果却不尽如人意——校级二等奖。我对此并没有气馁，而是静心分析，针对暴露出来的问题逐一解决，同时尽可能多地使用 CAD，以增加自己对这款软件的熟练程度。大三年级，竞赛用软件从 AutoCAD2008 版本升级到 2014 版本，这对我以校一等奖乃至华东区一等奖为目标来说算一个不小的冲击。但是我没有气馁，及时更新了平时习惯使用的软件版本，努力使自己适应新版本。最终，在大三下学期的华东区赛中如愿以偿。

■ 承担重任，落实发展

在 2016 年年底，我承担起学生会主席一职。职位越高，责任越重。为了更好地建设和发展学生会，修正上学期原主席的某些工作欠缺，成为学生会正主席后的我，开始了为期一个学期的学生会内部发展和培养计划。

一个团体的内部发展，必定离不开内部凝聚力的建设。2017 年春，为了加强学生会内部部门间的交流，同时弥补上学期素质拓展活动的缺失，我带着相关负责的同学一起先后前往将军山、方山等地进行考察，比较选择合适的素质拓展地点。同时选择多种趣味性、教育性兼顾的活动，让学生会干事们在春暖花开的季节，既体验南京的自然风貌，又拓展自身的综合素质，最重要的是加强了学生会成员间的沟通与交流,增强了大家的凝聚力。

同时,为提高学生会成员的自主积极性,加强学生会人才培养,在春季素质拓展之后,我又牵头举办了第二届学生会内部策划大赛。在2014年举办第一届策划大赛的基础上,本届策划大赛以创新性、实用性为目的,将活动由5个扩展为8个。在策划大赛活动的准备工作中,干事们通过互相之间的探讨协作,既成功地举办了预定活动,又达到了锻炼自身能力的目的。

上述两个活动,虽然都属于学生会的内部建设活动,对外影响力并不十分显著,但活动对于学生会的人才培养和长远发展具有深远意义。可以说,这两项活动是我在竞选时就做出的构想,也是在成为学生会主席后立刻付诸实践的项目。尽管在学生会最后的半年时间里,主席团只剩我和另一名副主席,但学生会依旧正常运行,在完成各项学生服务工作内容的同时也实现了自身的长足发展。

可以说,在学生会任职的三年时间,是我兢兢业业为同学奉献自己的三年时间。从干事到主席,我一步步在进行着自我蜕变,但是无论职位如何变化,环境如何变迁,我服务同学的初心不变,我致力于学生工作的想法不变,我追求卓越、止于至善的精神始终不变。

 刘宗涛

师长点评

刘宗涛同学工作认真负责,做事积极主动。在承办创新体验竞赛的过程中,主动承担起活动的大部分工作,人员安排和物资准备完成得十分到位。刘宗涛同学能够承担大任,工作细心到位,是个能将己任完美交付的得力人才。

东南大学机械工程学院党委书记、教授、博士生导师　张志胜

ZHONG Kai 钟 凯

■ 个人简介

男,汉族,1995年9月出生,中共党员,信息科学与工程学院信息工程专业2014级学生。曾获东南大学校长奖学金、汉桑奖学金;2016年全国大学生数模竞赛本科二等奖;东南大学"优秀团干部"、东南大学优秀学生干部;国创SRTP项目优秀。

在这梦开始的地方　与你我同行

信息科学与工程学院　钟　凯

■ 梦开始的地方

2014年8月,一位刚经历过高考洗礼、满怀理想的江苏学子来到了东南大学的怀抱。凭着一腔热情,我畅游在大学的海洋中。我梦想着自己与所有人打成一片,梦想着激发自己的才能在学生团体中一同奋进、让学校更美好,梦想着在学科竞赛上崭露头角、完成困难的学术研究项目,梦想着捧起萨克斯在学校最大的舞台上演奏,梦想着奔跑在赛场上取得名次……

蓦回首,却发现这些梦都已经不再是梦。我如愿进入了校学生会、院学生会,成为院学生会的副主席和学生服务中心主任,完成了一个又一个的活动:美妙的歌声在校园回荡,青春在信息学院的舞台上飞扬,同学们拿起手机就能从"信小息"公众号中尽知身边和天下事;圆形报告厅、焦廷标馆、体育场上,我展现出了萨克斯的交响与流行、重奏与独奏的各路风采;我成为了一名合格的正式党员,在追逐信仰的路上更加坚定;披荆斩棘,我和两位小伙伴终获数模国家二等奖,SRTP团队取得国创优秀;院运动会、校运动会上奋力拼搏,和同学们共晒名次奖状……

然而这些梦不只有我的光彩,每一个梦实现的背后,都有无数的小伙伴在一同奋斗。学生会、乐团、团支部,每一次的胜利,不光是负责人用自己的汗水浇筑,更是每一个成员团结的结晶。东南大学对我来说,是梦开始的地方。我们在这里怀揣梦想,全面发展,不断提升综合素质。我面向前方不停地奔跑着,与大家一起,充满希望地创造着这片土地上的辉煌时刻。

■ 团队铸造梦想

我在大一的班长竞选以遗憾告终,作为副班长在这一学年中悉心配合班长和团支书,将每项事情都尽自己所能做到最满意。同时我在校学生会学习实践服务部、院学生会党团建设工作指导中心担任干事。随后竞选成为042147班班长。这一年多的时间,让我近距离地接触到什么是团队和服务。部长带领干事们一同制定目标,策划活动,为了服务同学,大家辛苦并快乐着。到了大二,我更是对此有了更深刻的认识。如果要给学习、工作、生活列出两个关键词,那便是——责任与伙伴。这一年中,我体会到了如高考般的重任,以及各种压力带来的迷茫,并最后勇敢尝试着摸索出铸造梦想的道路。

大二的副主席选举,是带给我影响最大的事。在主席和部长的鼓舞下,怀着一腔热血,我毅然决定竞选院学生会副主席职务。那时,我时不时就向主席询问学生会的天与地,讨论着学生会的现状和不足。白天忙碌,我们便晚间边散步边探讨,时常忘记时间,直到校园道路上望去已无人时才匆匆赶回。辅导员老师和秘书处处长学姐也尽心尽力督促我们一遍又一遍修改演讲稿,令我印象最深刻的画面就是深夜11点还亮着灯的学办以及修改无数次的讲稿和幻灯片。我曾无数次地觉得无力,甚至曾有过放弃的想法,连最后的时候也没有能够做到脱稿,但是我想到为我加油的人们,我会静下心来。陡然间,我明白在我心中,我们不再分你我他,我们就是一个团队。当一个团队齐头并进时,我们便会感到无穷的力量。我希望将这股力量能够带入学生会,让我们的学院凝聚成一股绳,发挥更强大的力量。幸运的是,我的想法得到了大家的赞同。

如此，我在迷茫中发现了耀眼光芒。任职副主席不久，我将承诺的"项目小组"制应用到实处。微信公众号"东大信息"的每日推送是一个看起来简单而又普通的工作，却蕴含挑战。我们联合学生会各个部门，形成一个项目团队，发挥每位干事的特长，服务于学院广大师生。另外，作为管理者还需要学习如何有效管理团队，做到分工有效、干事具有积极性、明确目标等。我一刻不停地学习着、学习着，知道自己肩上的责任，领悟着这些都意味着什么。一个明白了责任的领头人，与一群同舟共济的伙伴形成的团队，能够穿破困境寻找梦想。我们的文章质量在提升，服务面逐渐增大，"信小息"逐渐成为东大小有名气的公众号。

在工作中，最大的挑战无疑是那一次的活动。这是我总负责的第一个活动，当菲姐把"校园好声音"这个省级大型活动交给我时，我其实小吃一惊，要站在浪尖上做校区总负责，我自身都没有信心。但我从菲姐眼中看到的，是不移的坚定和信任。我可以不相信自己，但万不可辜负老师的信任。活动处处是挑战，地点确定四牌楼，整个学生会出动文化、外联、宣传、秘书处等近30余名干事，经过一个月的紧张筹备，最终让大礼堂摇身一变，光彩夺目，并在江苏综艺频道展现了风采。我作为负责人贯穿在整个活动之中，无论海报、微信推送、横幅等前期宣传，还是联系选手、预订宾馆、了解场地等中期任务，抑或是活动当晚安排、调动、工作餐预订、特殊情况处理等事项，我都和干事们一同奋斗。作为一个负责人，背负着所有的责任，但是最为欣慰和感动的，还是团队中的大家愿意同甘共苦。当我夜以继日时，有伙伴们一同奋斗；当我筋疲力尽时，有伙伴们竭力相助；当梦想成真时，有小伙伴们一同欢呼庆祝。这真的是一件幸事，是推动我不断前进的动力。随后我参与策划与组织的信息学院迎新晚会、楼道歌手大赛、辅导员欢送会等大型活动都进行得有声有色，我也参与到其中，全面把握活动的质量，一时在校园中掀起一阵"信息"风。

我在大三时担任了学院学生服务中心主任，学生会也有了新的副主席与主席。我贯彻着我的团队理念和服务之道，一次次地完成好大小活动，旧书 e 卖、精英学校，我们精心做好服务，让学院和学校的小伙伴们都更好地学习与生活。愿这样的团队理念届届相承，也影响着后来的人们，让学生会一直能够凝聚成整体，同舟共济。

■ 求实与展望

我从小就具有独立自主的钻研精神，每当遇到问题，第一反应都是自己刻苦思索，直到钻研出答案为止。在忙碌的工作和生活中，我丝毫没有放松对学习的要求。每一门课、每一堂课，我都带着自己的思考，听讲与记录，不明白的地方询问老师，并通过老师的思想，不断地激发学习的兴趣和动力。

我尽力不松懈，并且把高中的部分好的学习方法带入大学，还结合自己的学习特点，发挥优势，弥补弱势，独立自主，刻苦钻研，所以无论是自己擅长或是不擅长的科目，都取得了不错的成绩，而自身擅长的科目，如信号与系统获得了 94 分。大一我在年级取得前 15% 的排名，而到了大二，也许因为工作繁忙，学习成绩有了些许下滑，到年级 30%。这一次毫无疑问对我来说是个巨大的打击，我自我感觉以学习能力和理工科头脑见长，于是我审视自身，分析大二学习存在的问题，寻找自身学习最有效率的方式。在摸索中我也终于明白，学习和工作是一样的，单靠自己很难取得拔尖的成绩。于是我们成立了学习小组，相互取经，线上线下讨论问题。在大三的繁忙学习中，我最终拿到了学年班级第一、三年均分班级第一的好成绩，也证实了我的学习方法。

努力求实、踏实共进，是我学习的信条。这样的方法也让我在竞赛和科研中取得了不少成绩。学科竞赛上，我曾获数学建模校级三等奖、数学建模国家二等奖、第二届东南大学"互联网 +"创新创业大赛铜奖以及电子设计竞赛校级奖项等。同时参与一项国创 SRTP 项目《基于单片机的 GSM 时隙功率精确测量与自动增益控制的实现》，我在四人小组里负责单片机程序编写,并自己学习了 PCB 板的贴片元件的焊接。我们寻找资料,相互监督与鼓励,团队合作与科研能力得到很大提升。经过一年的不懈努力,我们修改尝试了五次方案,最终得到了测试满意的成果,也取得了国创项目优秀的成绩,这荣誉必然归于整个团队。

在课余时间里,我依然时刻不忘强健身心,坚持跑步,并与伙伴们一同参与了校庆环校马拉松活动。2015 和 2016 年的迎新志愿者的活动我都参与了,接连数天每日坚守在自己的岗位上,为每一位新生献出自己的一份力。2016 年我在南京南站做迎新志愿者,帮助每一个新到来的学生,我从心底里都感受到这一份喜悦。我也希望能够依靠自己的力量为学校、为社会作出更大的贡献。

在东南大学的校园里,这里并不是只有我的梦,千万梦想的萌芽在这里萌发,大家的梦想交织在一起,就形成了团队。团队领导者就像"牵梦者",如同我在 Sunshine International Camp 中学习到的"Servant leader"一样,引领整个团队一起向梦想进发。这里是梦开始的地方,梦不会在这里消失,更大的梦想还在前方,愿你我同行一同起航。

 顾青瑶

> **师长点评**
>
> 钟凯的事迹生动而且全面,展现了一个逐梦少年在艰难中不断成长的故事。钟凯明白团队的深刻意义并且作为学生会骨干背负责任带领团队奋勇向前,亦坚持德智体全面发展,积极向上,为东大学子树立了标杆。
>
> 东南大学校团委组织部兼科创部部长　王婧菲

CHEN Ziyu 陈子聿

■ 个人简介

男,汉族,1996年9月出生,中共党员,东南大学能源与环境学院能源与动力工程2014级本科生,首修平均绩点4.504,排名1/135位。获国家奖学金、21门课程奖学金、江苏省优秀学生干部称号、全国大学生节能减排竞赛国家级三等奖;曾任能源与环境学院学生会副主席,连任030143班班长。

放飞梦想,砥砺奋进

能源与环境学院　陈子聿

■ 脚踏实地,筑梦起航

2014年8月,我怀揣着对美好未来的憧憬,走进了我仰慕已久的百年名校——东南大学,这里是我规划人生的驿站,这里是我追逐梦想的摇篮。

"千里之行始于足下",梦想很美好,但现实很骨感。我深知厚积才能薄发的道理,学好本领才能更好地奉献社会,才能真正放飞梦想。作为一名大学生,我们不能缘木求鱼,必须脚踏实地,首先要把握方向,找准角色定位,把学好知识、练好本领作为我们的首要任务。在大学两年多的学习生活中,我始终坚持通过学习不断地充实自我,课上积极互动,课下主动提问,课余与老师保持密切联系,节假日走进图书馆,从书本中获取营养、掌握知识,在与老师沟通交流中学习、汲取智慧。我的体会是,身为一名学生,我们的学习绝不能仅仅局限于学完一门课而应该是学好一门课。学习过程中,我力求将每一门课程的每一个知识点尽力学到能够熟练运用的程度,不仅仅局限于应试,而在全面发展。在大一学年的各项课程中,我把大部分的精力都投入到了高等数学的学习中,最终获得了96分的好成绩。另外,作为一名大学生,基础的计算机技能和基本的编程语言是我们必不可少的技能,我认真学习了大学计算机基础课程与非电类的C++课程,活学活用,在学完了这部分课程之后,我尝试参加了东南大学数学建模竞赛,将自己在课本上所学到的知识灵活地运用到了具体实际问题的解决上,最终获得了校级二等奖的好成绩。在学业上,大一平均绩点也达到了4.385,位列学院第一。进入了大二学年之后,我们开始了专业课的学习,首先面对的便是《工程热力学》,也让我第一次感受到了"工程"二字的内涵,有时候看似有些"不求甚解",但这是我们在本科阶段所学的能够解决实际工程问题的基础知识,我必须要学习好、掌握透。在我看来,大学之所以区别于初高中,在于我们有更多的自己自由支配的时间和精力,我们有藏书丰富的图书馆,有强大的师资力量,我们可以充分利用一切资源让我们能够真正地掌握一门门课程。大二结束后,我的绩点提高到了4.435,居学院第一位。进入大三的认识实习,我初步接触了曾经只存留于脑海中的"汽轮机"和"锅炉"等设备,也对电厂运行的一些工作有了初步的认识。这些设备的运行内容丰富,同时要求我们能够灵活运用所学知识。进入大三之后,我也正式地接触到这些课程。在这几门专业课的学习中我真正地找到了自己的兴趣所在,也找到了自己未来所可能从事的专业方向和进一步学习的目标。

经过了六个学期的努力,我的综合成绩稳居年级前列,大一学年平均绩点4.385,位列年级第一;大二学年以平均绩点4.589的成绩,位列年级第二;大三学期几乎每门课程均达到96分以上,学期绩点4.68左右。经教务处汇总,我的首修平均绩点为4.504,暂列学院第一位。

■ 创新实践,破浪前行

大学生活,是我们展示自我的大舞台。"知识本身不会使一个人具有创造力,创造力的真正关键在于如何活用知识。"在课余生活中,我积极投身到科研竞赛上面,在结合了自身优势和兴趣爱好的基础上,我将大部分时间都投入到了大学生数学建模竞赛以及节能减排竞赛上。首先是数学建模竞赛,出于被数学本身魅力的吸引,出于兴趣,我从大一开始便主动参加了这类竞赛,从一开始跟随大三学长一起,到后来自己作为组长进行申报;从一个专一的负责程序代码部分的组员,到后来综合地规划整个任务,成为能够领导一个小组的牵头人;从校赛二等奖,到国赛的省二等奖,我在每一次完成任务的过程中都尽自己所能,尝试一些新的思路、新的方式,力求每一次都能有所收获,在刻苦钻研中不断学习新知识、增强新本领。其次便是东南大学节能减排竞赛,这是一个与专业相关的竞赛,在竞赛过程中,能够充分利用到自己所学知识,这一点让我十分兴奋,在我看来,一个只能停留于理论层面的知识,它永远不会真正属于我,只有通过实践,通过自己的双手,在实验室里把一个个抽象的理论付诸行动,才是一个理论真正的归宿。做实验本身在我看来就是一个十分锻炼学生动手和思维能力的方式。在第一年的竞赛中,我们遗憾地只获得了优秀奖,但是因为后期需要,我们以组员的身份加入了另一个小组,有幸继续参加国赛,在国赛的准备中,我们曾在实验室里泡到深夜,也修改论文到失眠,虽然最后结果不尽如人意,但是这个过程本身,便是对我最好的褒奖。因为心有不甘,所以我继续参加了第二年的节能减排竞赛,虽然过程十分坎坷,但是最终我们的付出还是得到了回报,获校赛二等奖,继续以东南大学的名义进军国赛,这是对我们几个月来的付出最好的鼓励。

除了以上两个竞赛外,我还参加了东南大学高等数学竞赛、结构创新竞赛等。大一时以一名新生的身份,主动报名参加高等数学竞赛,作为自己的优势学科,虽然在考试时没能发挥自己的最佳水平,但仍然获得了三等奖的好成绩。总体而言,在竞赛上我们虽然有所斩获,但也有很多教训,让我受益匪浅,也让我更加自信、更加成熟。

■ 自我完善,全面发展

泰勒曾经说过:"具有丰富知识和经验的人,比只有一种知识和经验的人更容易产生新的联想和独到的见解。"大学是我们未来真正走向社会的阶梯。在未来的人生道路上,要实现每一个人的人生价值,需要我们不断地完善自我、提高自我、超越自我,提升自身的综合素质。刚进入大学时,我进入了能源与环境学院学生会学习部,并一直以能够成为学生会主席为目标不断奋斗着。在班级方面,我虽然在班长的竞选中遗憾落选,但是我依旧积极主动地参加到班级的活动中去,希望能够为这个群体奉献我的一份力量。大一下学期,为了能够熟悉主席团的工作,同时获得更多的锻炼机会,我主动加入了学生会办公室,并在各种活动中不断锻炼自己的能力。进入大二年级之后,我还成功地当选了030143班的班长,通过了我们几位班委和030143班集体所有人的努力,我们从刚相遇时那个零散的集体到现在这样一个充满凝聚力的团队,并获得了多项荣誉,综合成绩不断攀升,直到现在各项工作稳居年级第一。班级课余活动丰富多彩,我们先后获得了百人接力的冠军、磐石计划校级优秀、五星团支部、国旗团支部等多项荣誉。我们有成绩优异的学霸、有自主创业的"老板",我们通过自己的努力,打造了一个优秀的班集体。再后来,我忐忑地参加了能源与环境学院学生会的主席竞选,虽然最后与主席一职失之交臂,但是仍然得到了能够以一名副主席身份留在学生会并为之继续奋斗的机会。在繁琐的学生工作中,我很好地锻炼了自己的能力,从一个羞涩的大男孩逐渐成长成为了今天能够自信地站在讲台上侃侃而谈的"老学长",我满意我为之付出的一切,满意我最初的那些决定。同时,我也深深地感受到,作为新时代的大学生,我们不应该拘泥于学校这一小片天地。

在2017年的3月份,随着下一届的主席团的上任,我们这一届正式退出了学生会的舞台,没有了"枯燥"的例会,没有了"繁复"的活动,当整个人彻底被"解脱"之后,剩下的竟然只是失落,已经习惯了这里,一旦离开,这部分将由什么来弥补?正式离开学生会以后,我把更多的精力都投入到了我的030143班中去,我一直坚持着"人"的理念,每一个组织都是由里面的每一个成员组成。谈到一个组织的凝聚力,真正重要的是那样一种发自内心的热爱和羁绊,我关心着我们班里的每一位同学,我是这里最平凡、最普通的1/34,只是我同他们其他33个人一样,我们都有着同样的目标,那就是为着一个更好的030143班而不断奋斗。

除了学生工作,在公益方面,去年暑假我作为组长,以"医患关系"为主题,开展了相关的社会实践活动。在整个活动中,从前期策划准备到后期的材料汇总分析,繁琐的任务让我的协调统筹能力得到了长足的进步,直到最终看到集庆门医院里那些老人们因为我们的到来而产生的发自内心的快乐,其中一位奶奶拉着我们说了好久好久,从她的故事说到她孙子的故事。当一切似乎都成为过去时,那样一种刻骨的失落感让我难以忘怀,社会实践的时间是短暂的,但是公益却是永恒的。最终,我们获得了院级一等奖,我能够欣慰地说本次活动真正地起到了它应有的价值。在实践活动过程中,我们小组内组员进一步增强了沟通,建立起了深厚的友谊,成了大学里最好的朋友。深入社会也让我们提高了我们日常交际和沟通的能力。

大学生活走到这里,也已接近尾声了。我用三年时间去做我觉得重要且愿意为之付出精力的事,我完成了首修平均绩点 4.5 以上的目标;班长这个职务,我一干就是三年;我在学生会从干事做到了副主席。一步步的成长,一天天的努力,脚踏实地,仰望星空,放飞梦想,砥砺奋进。

 茅 佩

陈子聿同学学习认真,成绩优异;积极思考,勇于创新,多次获得学科竞赛奖。担任学院学生会副主席并连任 030143 班班长一职,工作尽心尽力,所在班级获得校国旗团支部,个人获得江苏省优秀学生干部等荣誉。以年级第一名直博清华大学,有着为祖国发展贡献自身力量的奉献精神。

能源与环境学院 2014 级辅导员 茅 佩

2017 年 11 月 27 日

ZHAI Ruihan 翟蕊晗

■ **个人简介**

女,汉族,1996年1月出生,中共党员,人文学院汉语言文学专业2014级学生。曾获国家奖学金、第八届中华赞经典诵读竞赛一等奖;获江苏省三好学生、东南大学三好学生标兵、学习优秀生、优秀团干部等荣誉称号。

我向你而来，从河流到海

人文学院　翟蕊晗

"飒飒西风满院栽，蕊寒香冷蝶难来。他日我若为青帝，报与桃花一处开。"这首诗是我名字的来源。但不及花那般"香冷"，蝶那般"难来"，四年来我都在东南大学的滋养下努力学习、开朗生活、茁壮成长。我相信携初心上路的人，终收获一路芬芳。

■ 小水长流，则能穿石

在高一的深秋，我因参加高中社团的活动而第一次踏入东南大学四牌楼校区。我记得我走在中央大道上，左右的梧桐树干刷着白漆，风一吹树叶就会往下落，但是永远落不尽。我当时想：我以后会不会来这里读大学？

三年后的秋天，这份缘分竟然"兑现"。我真的被东南大学录取，并进入了我最喜爱的人文学科专业。开始大学生活后，我很快对自己的未来进行规划，尤其进入中文系的专业学习以后，我迅速确定将中国现当代文学作为研究的主要兴趣，并准备继续读研深造。

对于中文系的学生来说，阅读量格外重要。但是面对茫茫书海，我却不知从何读起。有一段时间，我凭着自己的兴趣阅读——看这本书的标题有意思便读这本，看那个作者不喜欢便索性十几页的一翻而过，读得懵懵懂懂，什么也没记下。

后来，偶然的一次李玫老师在课堂上说道："如果你真的有志于研究现当代文学,"我听到这句话马上一个激灵,直直盯着她的眼睛,"你应该系统地阅读。一个作家、一个作家的集子拿来读,没有喜不喜欢这回事。你要研究它,不喜欢它你也要读。"于是,我开始地毯式地阅读作家的作品合集,而不再是散漫地汲取养分。从鲁迅的《呐喊》到张爱玲《传奇》,从郭沫若到沈从文,无关是否喜欢,我只想让自己不断接近学者的素养。

大三暑假,我参加了南京大学文学院的暑期夏令营。面试时,老师提的第一个问题便是问我读了哪些书,我系统地说出了作家和合集。老师接着问了作品的细节内容、出版时间等。最终我获得了南京大学的优录资格。后来我知道,南京大学文学院是一个非常看重基础积累量的学院,在面试我之前的大部分学生都被问到了阅读过多少书籍的问题。我很庆幸,我能在老师的帮助下,找到了正确的"打开方式"。有时候,在努力之外,更重要的是找对了方法,走对了方向。

■ 积水成渊,蛟龙生焉

想要保研,除了阅读的积累还远远不够。在成绩上,我从不简单以取得保研的资格来要求自己,而是不断鼓励自己做到最好,以求在材料的初审时我有绝对的竞争优势。因此无论课程和现当代文学是否有关,我都全力准备。

我记得刚入中文系的时候,我连五言诗的韵律都找不好,写出来的诗像念口号,是白老师告诉我古诗要"2+3"这么看,是白老师教我把作者名字捂住,别去管诗人名气,仔细去体会其中真味。我记得写文学批评的论文时,大家都选了相对容易掌握的女性主义分析或者是心理分析法,但我偏偏要"啃"下解构主义这块骨头,于是泡了很久的图书馆,写出了一篇97分的课程论文。我记得为了改写张爱玲的《倾城之恋》,我读完了她的一本集子和胡兰成的《今生今世》。我记得中文系密集的闭卷考试和熬到凌晨三点写出来的结课论文。我记得在昏黄的路灯下,我和自己的影子走路时嘴里背的那篇《风赋》……

我还参加了三项学术活动,其中一项是我作为负责人自主申报的。起初我对这个项目抱有很大的期望,但是却在初次申报时连院级重点项目都没有评上。

我当时很失落,但是很快便告诉自己,学术研究是不可带着功利心去做的,应当踏踏实实把想要研究的做好,哪怕体验一下科研的过程,这也未尝不是一种锻炼。

我们的项目是以楹联为切入口,探究明清时期江南地区的历史文化。但是由于学校图书馆关于楹联的资料有限,所以我常常跑到南京图书馆借阅书籍。除了资料整理,我还利用周末和假期一一走遍南京地区与明清时期相关的景点,玄武湖、牛首山、紫金山、夫子庙……所到之处凡看见楹联都一个不落地拍下来以便整理。以至于后来都形成条件反射,连看到桃园宿舍区门口的对联都下意识拿出手机拍照。

在广泛的阅读和大量的考察中,我们惊讶地发现,仍然存在楹联对仗不工、音韵错误等现象。最终我们共阅览收集了1200余条楹联,经筛选查证,论文收录108条,发现存在有误的共8条。放下对项目级别的执念,我们反而在各项答辩中屡获好评,最终不仅申请到江苏省大学生创业创新项目的项目级别,还收获了良好等第的结果。

■ 涉水而过,芙蓉千朵

我在东南大学的四年,不仅在学业上留下拼搏的身影,院学生会、辩论队、艺术团、班团建等多个组织、多个活动也都有我的一份力。

印象最深的是大二的时候,我和我另外两个舍友组队参加了"中华赞"经典诵读大赛。那一届的主题叫做"峥嵘",我们三个都是中文系的,对诗歌本就感兴趣,从初赛开始就琢磨着不用现成的诗歌而是自己写诗。我们起初的想法是融入南京的峥嵘历史去写,但是改改停停一直不是特别满意,熬了好几夜也没有结果。但是我们都没有放弃彼此,一有时间就聚在电脑前,一边写一边朗诵,看看是不是上口。

我们翻诗集、看杂志、听歌曲,直到积聚几天的力量,突然有了灵感,"我看到北岛《一切》和舒婷的《这也是一切》,我们把它们融合在一起,改编一下。"我的队友说。这立刻被强烈响应,我俩纷纷叫好。我提议:"不如就用一

个反复驳斥的形式,像辩论一样。在最后,一层层的声音加上来,效果肯定很震撼。这个形式别的朗诵还没有做过。"于是大家又熬了几个夜,改稿子、分角色、划顿挫。为了准备比赛的视频,我第一次扛相机去拍摄,并熬夜学习怎么剪素材、做视频。十一月份南京城墙上的风很大,夜也冷,但我并没有觉得很疲惫,反而单纯因为热爱诗歌,因为能和队友并肩作战而感到特别快乐。

我记得上舞台的那天,我们穿着很朴素的衣服,三个人都戴了大红围巾,扮成了二三十年代的学生模样。那天音乐并不煽情,我们的语气也不总那么激昂,在众多高声呐喊、奏乐伴舞的队伍中,我们却拿下了全场最高分。

从大一到大三,我在院学生会从一名小小的干事成长为团委副书记;从大一到大三,我在班长的职位上帮助我的班级获得了"甲级团支部"称号;从大一到大三,我从艺术团的一个临时的啦啦操队员,变成一个可以编舞、排练甚至带领啦啦操队伍获得亚军的领队;从大一到大三,我从一个一到辩论场上就不敢说话的小透明,变成了备受好评的小四辩;从大一到大三,我一直努力地对待每一次挑战,在每一次有人和我说"我们需要你"的时候奉献自己的光和热。我明白每一份荣誉、每一个称谓都对应着它的责任,这是我必须承担的。

多年以后,我仍会记得那时所有的故事都开始在一条湖边,湖里传说有九龙,我涉水而过,向芬芳而来。

 付　林　王洁琳

翟蕊晗同学学习认真刻苦,有创新意识,成绩名列前茅。她富有集体意识和奉献精神,积极参与了 SRTP 项目、创客项目、啦啦操大赛等各项活动,培养了当代大学生思辨意识、助人精神,并作为院团委副书记和班长创造性地组织了多次活动,自立自强,克服困难,团结同学,体现了当代大学生的风貌。

中国语言文学系副教授　李　玫

赵 昕 ZHAO Xin

■ 个人简介

女,汉族,1993年8月出生,共青团员,经济管理学院经济学专业2013级本科生,东南大学2017年最具影响力毕业生。曾任东南大学学生会副主席。曾获国家奖学金、至善奖学金、课程奖等多项奖学金;获第二届"互联网+"全国大学生创业大赛银奖、"创青春"创业大赛银奖;曾获江苏省三好学生,"东大好青年"和东南大学优秀学生干部、三好学生等多项荣誉称号;担任南京青奥会国家(地区)奥组委助理和澳大利亚NOC助理团队队长,被评为明星志愿者。

路在脚下　梦在远方

经济管理学院　赵　昕

■ 心怀理想 走向世界

不记得从什么时候开始,我开始读一些关于经济学的书籍,渐渐的,喜欢上了经济学。在报考大学的志愿时,我很坚定地选择了经济专业,后来终于如愿以偿成为一名东南大学经济管理学院经济学专业的学生。这一切对于一个愿意用真心去对待经济学的学子而言,只是一个开始。刚入学,我认真学习各种课程,在各项专业课中都有着极好的表现并取得优异成绩。随着专业课学习的深入,开始在老师的指导下从事更深刻的研究。2015年12月,国家开放二胎政策,一时间成为大家关注的新闻热点,我同样对这个问题很感兴趣并产生了对其相关的经济问题进行研究的想法。从那时起,我开始运用自己已经学习掌握的计量经济的研究方法,基于国家的养老保险和医疗保险政策,对社会保障水平与二胎政策后人们的生育意愿之间的关系进行了实证分析和研究,研究成果最终在专业期刊上发表。

强大的内心必然有着很强的求知欲,不满足于现在,更放眼世界,希望能够学到更多的东西,我曾在加州大学伯克利分校完成学分课程的学习,也曾赴台湾大学商学院进行交流,哥伦比亚大学、密歇根大学都留下了我的身影。而梦想还不止于此,学无止境,我怀揣着一颗坚定的心,会努力在求知的道路上走出自己的精彩。

■ 敢为人先 勇于创新

总有人很好奇一个普普通通的女生,是如何在有限的时间里做那么多的事情,获得那么多耀眼的成绩。在很多人眼中,赵昕是一个传奇,兼具雷厉风行、吃苦耐劳与认真细腻的性格品质,能连续工作三十个小时,忙起来一周只睡十五个小时,但是生活中的我,只是坚持做正确的事,做好微小的事情。大二时,我在担任校学生会外联部部长期间,曾筹集各类赞助费十余万元,不仅创校学生会历史,更为校学生会更好地办精品活动、做优质服务打下了坚实的基础,而这些都是无数次失败的谈判和无数个写作策划与合同的不眠之夜的累积。成为主席团成员后,我依旧充满热情地投身各项工作当中,还曾创造性地策划了学生会信息管理系统,让学生会的管理与运行更加科学化、体系化与现代化。无论遇到什么局面,我希望能从整体出发,以大局为重。为了学生会的组织精良,我顶着压力进行了部门合并整改;为了学生会能够更好地服务同学,我不断对外交流学习,不断追求革新与突破,一直秉承"行其所愿,动其所盼"的理念,全心全意服务于同学,为东大学子的更好发展而竭尽所能。作为校学生会副主席积极促进校际交流,组织与参加了多项国际国内会议与活动,给来自世界的优秀青年留下了深刻的印象,展现了东大学子的优秀品质。担任学生干部并不是什么值得骄傲的事情,而是一种责任,一种信仰。无论身在哪里,无论是什么角色,相信并践行一名新时代青年对传承精神与创新力量的执着。

■ 凝聚力量 追求完美

作为海善达创业团队的队长,与队员心贴心,带领团队不断追求卓越与完美,是一种必需的职责。在大家通宵加班疲惫至极的时刻,作为团队的主心骨,保持思路的清晰是无它的选择;在大家面临困难几近绝望之时,我微微一笑,坚定地鼓励大家"没关系,一切都会更好";在工作量极大,有突发情况的时候,我保持淡定神闲、凝神静气;一百六十页,近六万字的计划书,发现问题毅然推倒重来。为了更好地完成创业计划书,大家都集中加班,晚上一起通宵工作,即使是平时有着很规律作息的队员也放弃了早睡,和大家一起熬夜。团队对待计划书精益求精,不断地梳理逻辑,反复核对,在计划书完成后依旧进行了逐字逐句检查,要做到一个标点符号也不能有错。也许完美终究是一个理想,但他们愿意为了完美而努力到底。在大家精诚合作下,刚参加完"互联网+"全国创新创业挑战赛的全国总决赛,又进军香港理工大创新创业全球学生挑战赛,成功入围全球二十强,携团队向全球决赛发起冲击,这一刻让我感动。团队之所以称为团队,是区别于个人的,而团队精神的内核就是凝聚力。当我的团队紧紧凝聚在一起,从一个想法到一份创业计划书,这其中所有的问题都能够得到很好的解决。而这个过程和点滴,都将成为海善达成员心中永远的回忆。

■ 多才多艺 服务他人

以汇聚全身的正能量乐观积极地对待忙碌而多彩的每一天,这是我坚持的原则。我先后参加过八个社团。我喜爱唱歌、主持,喜欢舞蹈、摄影。我有对音乐执着的热情。在歌声里,有生活,有梦想,有快乐,有希望。2015年,站在香港青年音乐节的万人舞台上,我演唱了一首《看的最远的地方》,用歌声唱响对生活的热爱和对未来的期许。在接受媒体采访时,我说过,音乐是可以给人带来快乐的,无论自己将来从事什么工作,都会一直喜欢唱歌的。作为一名优秀的校园主持人,我参加过东南大学跨年演唱会、校庆文艺演出等诸多大型活动演出。在多元的历练与自我反思总结中,我一直努力地做更好的自己。我始终相信哪怕是自己的点滴行动也能让世界变得更为美好,所以总是不顾一切地投身志愿服务项目。作为南京青奥会的明星志愿者,我忠于职守、始终如一、尽心尽力,每天2点睡,5点起,以精湛的专业水平、热忱的服务态度赢得了澳大利亚组委会的赞赏。我平常也会到地铁站等地方做志愿服务，走访第一所希望小学，虽然希望小学无法与青奥会的"舞台"相比，但在那里我听到了小妹妹的心愿：我想上大学。那一刻的声音让我终生铭记：努力、努力、再努力，以使自己将来有能力帮助更多的孩子受到更好的教育。

■ 执着梦想，付诸于行

无论是学生会主席还是一个团队的负责人，无论是一名唱歌跳舞的文艺青年还是勤恳钻研的学霸，我总努力于服务和感染更多的人，以满满的正能量和灿烂的微笑告诉更多的朋友：相信青春的无限可能。我幸运自己身处美好的时代和美丽的九龙湖：参加"全国大学生骨干培养学校"不是个人的荣耀，而是代表着东南大学的数万学子；在远隔重洋的斯坦福大学不仅看到它与硅谷相伴，而且设想与努力于东南大学的辉煌明天。每个人的青春只有一次，心在远方，路在脚下，平凡生活，英雄梦想。

 周 宇

赵昕同学不忘初心，不仅在学业方面刻苦钻研，在社会工作方面也积极发展各方面素质。她是东南大学"止于至善"校训的体现者，是名副其实的最具影响力毕业生，是乐于拼搏、永不止步的东大人！

东南大学经济管理学院院长、教授、博士生导师　赵林度

FANG Di 房 地

■ 个人简介

男，汉族，1995年3月生，中共预备党员，东南大学化学化工学院化学专业2014级本科生。在校期间担任院学生会体育部长、院学生会主席。获国家奖学金、德威奖学金；获第四届"卓越杯"大学生化学实验技能竞赛二等奖、首届江苏省"安莱立思杯"水处理实验邀请赛特等奖、东南大学化学化工实验竞赛二等奖；获江苏省级三好学生、校级优秀学生干部、三好学生、优秀团员、军训优秀学员等荣誉称号。

挑战，拼搏
——充实精彩的大学生活

化学化工学院　房　地

■ 化学使我快乐，勤奋钻研是我的习惯

高二时我便已立下志向，决定将化学作为我大学的专业方向。分子、原子、离子，不同物质千变万化的组成与结构深深吸引着我，使我产生了极大的兴趣。为了弥补高中时未能参加化学竞赛的遗憾，大学的我加倍刻苦钻研。填报高考志愿时，并不是所有人都能理解我的选择，有的人甚至认为研究化学不仅对身体健康有一定危害，收入也无法与金融等领域相媲美。但我相信，只要我从事的职业是我所真正热爱的，那就是我人生价值最大的实现。

于是，我便以第一志愿被东南大学化工与制药大类专业录取。大一时，我不仅对相关专业课保持一丝不苟的精神，同时也对理工科的各个大类必修课充满兴趣。即使学生会的工作再忙再累，我也可以为了完成一份高质量的实验报告，为了修改 C++ 程序的错误，而熬夜钻研到凌晨两点。大一学年结束后，我以全院第三名的绩点分进入梦寐以求的化学专业，并在 2015 年末成为全院唯一荣获国家奖学金的 2014 级学生，而且仅在第一年，我便以优异的成绩通过了英语四、六级考试。三年已过，我的累计绩点为 3.936，名列专业第三，并且成功保送至中科院上海有机化学研究所，攻读有机化学硕士博士学位。

我认为理论知识只有同实际操作结合起来，才能发挥最大价值，因此我积极参加各类实验竞赛。获第四届"卓越杯"大学生化学实验技能竞赛二等

奖、首届江苏省"安莱立思杯"水处理实验邀请赛特等奖、东南大学化学化工实验竞赛二等奖,各等级化学实验竞赛填满了我的履历。同时,我还积极参与科研,在姜勇教授指导下,作为学生负责人参与教师 SRTP 科研项目"基于铁蛋白解离与重组构建具有生物活性的超分子自组装体系及其功能"。

我想,作为一名化学生,最重要的素质便是细致、耐心。安全责任重于山,各种实验室或工厂安全事故在新闻中屡见不鲜,这要求我们从大学便培养良好的实验和工作习惯。每次实验,我都会提前做好充分的预习工作,了解可能用到的药品性质、仪器数量、操作方法,实验中进行每个步骤时都能不慌不忙,且心无旁骛,意外事件便很难出现。化学是一门注重理论与实验相结合的基础学科,因此我会比对待理论课更加认真地对待实验课。实验培养了我的动手能力、观察能力以及平和的心态。如同生活,化学实验也并不能保证每次都圆满成功。失败并不可怕,重要的是不能因为失败而心灰意冷,要从失败中吸取教训,总结经验,逐渐巩固相关知识和技能。

■ 我眼中的学生会工作及体育精神

大一那年我就加入院学生会,成为一名体育部干事。化学化工学院是一个小院,但恰恰因为人数少,这里的每个人都视彼此为一家人。院学生会便是一个为全院同学服务奉献的组织,虽没有很多成员,大家却团结一心,也能办成大事。

我在体育部工作两年,从干事到部长,经历也算是十分丰富。体育部的工作很多,也很杂。从组织院运动会、院内羽毛球单项赛、院内年级三大球对抗赛,到为校运动会、新生杯、院系杯进行后勤服务,甚至在我们这样的小院,我还需协调各个队伍的训练安排以避免兼项的同学时间冲突。每项比赛,每个活动,事无巨细,有时真的很疲惫,但稍作调整,我便又以饱满的精神重新投入工作中。在学生会的工作经历使我得到了极大的锻炼,对于如何安排工作学习的时间比,我可以说是有一定心得。在这里我也结识了一群志同道合的朋友,认识了很多优秀的学长学姐。

我相信我在学生会充实而快乐的工作经历是与我本身对体育的热爱分不开的。我从小爱好运动,从小学、初中开始就已经接触足球、篮球,并在田径场也有所作为,来到大学我还努力开发了自己在排球项目上的技能。大一时的新生杯,我参加了足球和篮球这两个大项,并担任篮球队领队兼队长。在赛场奋力拼搏的同时,我能感受到全场观众为我们加油助威的呐喊声。当我们比分领先,终场哨响的那一刻,无数学长冲进场内为我们欢呼,直到后来我才能明白,在一个男子大球项目从来不占任何优势的学院,那一年我们能力克强敌,突破近些年连战连败的尴尬纪录,是一件多么令人激动的事。我认为,体育精神就是如此,有的人更幸运,有的球队实力更胜一筹,他们的目标自然是赢球、夺冠。可有成功者自然就有失败者,不可能人人都获胜。也许我们是小院,我们不具备争夺冠军的实力,甚至仅仅满足于小组出线,但我们也可以有自己的目标,我们也可以创造自己的历史,我们可以面对强敌毫无惧色地迎战,我们比不过别人,但一定要比得过昨天的自己。挑战自我,突破极限,这不仅是体育场上应有的精神,也应当是带到学习生活中的精神。

两年后,我对体育部的热爱最终也上升到对学生会工作的热爱。因此我再次参与换届竞选并高票当选学生会主席一职。身份的改变同时也意味着责任的增加,我不再仅需要分管自己眼前的工作,我还需要将眼光放得更加长远。每周积极组织例会,统筹学生会的整体工作安排,策划每学期的大活动,同时我也担负着对外交流,与兄弟院系学生会主席沟通学习的责任。工作中,我喜欢事必躬亲,从小事做起,亲身参与到一些细节安排上。我也积极学习,学习如何与多方组织协作,学习如何更好地待人接物。在我的一年的任期内,在领导老师的悉心指导下,在全体成员的辛勤努力下,化工学院学生会出色地完成了既定工作计划,举办了第八届"绿色先疯"环保文化节、第八届"棕香东南"端午文化节、"一起向未来"2017年迎新年晚会等一系列精彩的活动。相信这段经历将是我人生中最宝贵的财富。

■ 积极奉献,心怀感恩,追求美好未来

一个人最大的价值不体现在他得到了什么,而体现在他奉献了什么。

我是一个热心公益,志愿为社会奉献自己力量的人。大一时,我多次参加了唐仲英爱心社组织的地铁站志愿者服务活动。通过为来往的旅客指引

方向、提供帮助,看到每个人脸上洋溢着的微笑,我真切地感受到公益的力量。从一开始时常有不懂的问题需要请教真正的工作人员,慢慢做得多了我便也熟知每个出口、每条通道。我还积极报名参加无偿献血。如果我的力量能够真的帮助挽救一个生命,那便是最大的成就。

我时常感慨自己是多么幸运,在我十几年的求学生涯中,我遇到良师对我传道授业解惑,遇到益友互相学习互相帮助,我有家人在生活上做坚强后盾,有辅导员在学校里无微不至的关心鼓励。我有机会在东南大学这样的学府圣地追求"止于至善"。如今我已进入大四,距离毕业仅有一年。无论将来我走到哪里,我都会铭记我的母校,我都会尽力为母校的建设奉献自己的力量。我是一名东大人,是一名化院人。

 陈 嘉

师长点评

房地同学是一个乐观开朗、勤奋严谨、积极有为的男生。他不仅能保持优异的学习成绩,还在学生会中担任要职,同时在科研实践方面也是佼佼者。他总能够在担负多项重任的情况下合理安排好自己的时间还能兼顾自己的业余爱好,不骄不躁,沉稳踏实,是一名优秀的学生。

东南大学化学化工学院教授 姜 勇

洪 韬
HONG Tao

■ 个人简介

男,汉族,1997年1月出生,入党积极分子,数学学院数学与应用数学2014级学生,推免至北京大学。曾获2014—2015学年国家奖学金;数学建模美赛一等奖、国赛省级二等奖、两次校赛一等奖、卓越联盟数学竞赛一等奖;东南大学"三好学生标兵"、江苏省"三好学生"等荣誉称号。

写故事的人

数学学院 洪 韬

"世事如书,我偏爱你这一句,愿做个逗号,待在你的脚边。你有自己的朗诵者,而我,也可以做自己的摆渡人!"大学时光,无疑是人生中最璀璨精彩的那一章。我,一个来自皖西南大别山脚下优美小乡村的懵懂少年,正在大学校园里书写着自己的青春故事。依稀记得前年8月的金秋时节,我背着大大的包来到这个憧憬已久而又陌生新奇的环境,转眼已有三载。浓墨重彩也好,轻描淡写也罢,重要的是我在这个地方留下了自己的痕迹……

若要用一句话概括已经过去的大学生涯,那就是一只"菜鸟"的自我救赎吧。现在这只鸟,比起初入校园时羽毛丰满许多,而比起那些将要飞向社会的雄鹰又稍显幼稚。"百载文枢江左,东南辈出英豪",身边优秀的同窗众多,即使难以望其项背,我也努力地高飞着,冲向云霄。

■ 由山野到书房

所谓大学,乃做"大学问"的地方,而我,作为东南大学数学学院的一员,一直在努力地充实自己。对数学谈不上讨厌,也谈不上热爱,但高考却阴差阳错地将我带向她,记得当时我的第一反应是:"天哪,竟然要跟这玩意打四年交道。"初来乍到,听着"数学分析""高等代数"等高大上的字眼,看着书上密密麻麻的方程公式,我想这是她在向我发出挑战。高代课上,周建华老师写了满满六块黑板,我在行列式矩阵的萦绕下眩晕不已,但我立刻打起精神,课下不断巩固练习,终于渐渐吸收了代数中的抽象思维体系。

大学的一些课程的确比中学难,但我一直坚信在努力面前,难度不是问题。同时,努力不意味着简单地做题。做题之于学习太过狭隘,相比于昔日的条条框框,在大学,我习惯于自由地选择书籍,阅读并思考。通过大一上学期的一步一步摸索,我很幸运地在期中考试取得了专业第一的开门红。这是身处各地优秀学子之中的我所始料未及的,但这也让我更加自信、更加坚毅地走下去。

在后来的学习过程中,我更加享受每一堂课,这不仅仅是对老师的尊敬,更是自我的提升。一如大一上学期开设的《数学概论》课程,这门课由数学系各方面的大咖来上,考核很轻松,让我能尽情享受坐在下面聆听的感觉。又如 C++,让我能用程序语言来认知这个世界,那种敲完编码调试成功的感觉和用 MATLAB 解决问题是一种难以言明的喜悦。在这样的努力后,我的绩点从大一上学期 4.186,到如今为总评 4.076,获专业第一、年级第二。从大二学年获得国家奖学金、安徽同曦商会奖助学金和校级三好学生到大三获得国家励志奖学金、三好学生标兵、江苏省三好学生,共获七门课程奖。我将百尺竿头,更进一步。

从清晨到夜晚

抛开学习,工作便是另一大方面。回想起那些忙碌的日子,嘴角总是会不经意间上扬。在校学生会体育部,我认识了一群可爱的小伙伴。我们一起开会探讨各种问题,一起举办活动,一起聚餐旅游。一份份的策划、一通通的电话、一次次的交流,校学生会内部交流赛、迎新年万人长跑、大力杯拔河比赛、啦啦操,或由体育部举办,或协助体育系老师,我们都乐此不疲,收获颇多。我开始明白办一场活动中的一系列流程,开始以一个组织者,而不仅是一个参加者的角色去体验。东南大学校学生会优秀干事和"每月之星"的称号,便是对我最大的认可和给我的前进的动力。大二时我成为数学系科协科技竞赛部的一员,这又是一次全新的社团旅途,只是由兴趣类变为了学术类,如举办3D纸模竞赛、数学建模宣讲会等,又是风风火火的一年。在此期间,面对数学学院学生对象普及SRTP等知识的同时,我也对自己接下来的目标有了更清晰的规划。

大一任数学学院070141班的体育委员,现为班长的我,鼓励组织同学们积极参与体育运动的同时,自己也冲在前列,也许这源于我对体育的浓厚兴趣。三年的院运动会、校运动会,我都积极参加,获得过跳远和200 m第二名、校运动会男子10×400 m接力第二名等。阳光伙伴绑腿跑,拔河,新生杯的篮球、羽毛球、台球比赛,我都参与其中,尽情享受。尤其篮球比赛,我极其热爱这项充满拼搏的团体运动。大一时作为一名控球后卫在场上挥洒汗水,大二时转变为了男篮女篮的教练,大三时分别带领男篮夺得院系杯亚军、女篮夺得院系杯季军。我与队员们共同吞咽失利的懊恼,分享胜利的喜悦。看到学弟学妹的生活,我仿佛看到自己的影子,也许这就是所谓的传承吧。作为班长,我配合团支书开展了"四时节气会——知识竞答"和"端午赛龙舟"的团日活动,大家积极参与,效果颇佳,犹记那年端午,梅园食堂门口好不热闹,一个个五彩缤纷的龙舟艺术品,赏心悦目。070141班一直是一个非常团结的班集体,让我们好好珍惜这剩下的一年吧。

■ 由漫步至飞翔

大学生活中让我最为自豪的当属大二暑期"至善黔程"在贵州黔东南武村的短期支教之行了。这是一个包含16名来自东南大学的年轻人与西南的一个古老的苗族壮族村寨的孩子们的故事。20多天里他们的音容笑貌，运动场上的生龙活虎，小小歌唱家比赛的天籁之音，闲暇之余的爬山游泳，都让我难以忘怀。若干年后，翻开照片打开视频，大概还会会心一笑吧。

依然记得大一迎新晚会自编自导自演的军训小品，一次又一次的排练；记得参加"行走的力量"的公益活动步行十几公里捐献 money 的价值；记得打卡、定向越野等志愿者活动的服务乐趣；记得艾滋病日"紫金之巅，为艾而行"的感触；记得无偿献血时的"大义凛然"；记得班级"纪念抗战胜利七十周年"团日活动去上元小学时小朋友们的可爱与天真；记得大二早早来到学校参加校团委精心举办的"大学生骨干研习营"并获优秀营员称号；记得连续三年参加掼蛋比赛分获冠亚季军的独特经历；记得作为 SEVENX GOD 的队长，我们小组进行了为期两周的关于南京市性教育现状的集中调研，校级立项，取得了二等奖的好成绩；记得那几天大家在街头分发问卷，一起走访校园、教育局，一起在梅九 D631 熬夜整理当天成果，一起在暮色中伴三号线氤氲而归……

再谈谈学术竞赛课外研学方面，记得一位教授讲过，"没有参加过大挑战杯的大学是不完整的大学"，或许观点有点偏激，但其中也强调了大学中自主研学的重要性。连续两年，我参加了数学建模校赛，获得一等奖，通宵的打拼换来了回报；国赛省级二等奖差强人意，美赛拿下一等奖算了却一桩心愿。还记得去年腊月二十七还奋战在美赛前线的我们，梅园食堂窗口消失殆尽，吃着泡面通宵达旦，强忍瞌睡突破一个又一个瓶颈，所幸皇天不负有心人。又如英语四六级考试、前两次六级考试均只有470多分，在大三上学期备战良久之后终于突破600分大关。共做三个 SRTP 项目，印象最深的当属为期一年的基教"复杂系统协同控制与优化"，从大一的延续高中课堂教学模式到自主研学，初次接触便是铺天盖地的英文论文，内心抗拒之余还得硬着头皮干。五个人每周一晚勤恳钻研，学长给予热情指导，终于先后通过 Studio 和 Simulink 平台编程让机械臂达到协同跟踪运动，不断改进算法并撰有论文一篇。理科生的研究也可以很生动、很精彩。

其实，换个角度来概括我的大学生活就是：经历了一些事，认识了一群人，足矣。朋友的光环效应支撑着我前行，经常不禁暗暗念到：有你们真好！

每个人都是写故事的人，只是有人写得通俗易懂，有人写得讳莫如深，有人写得引人入胜，有人写得味同嚼蜡罢了。而我则致力于用更优美的文字，更鲜艳的色彩来润色这个独属于我的青春故事。若干年后，回首之时，慨叹一句：这故事，不错！便值了。

故事，未完，待续……

王汉卿

师长点评

　　该同学在思想上积极上进，有着明确的学习目的和目标，并有良好的自主学习能力和高度的专注力。除了掌握一定的基础课和专业课知识外，还利用课余时间参与社会实践活动和科研活动。在学生工作方面更具有良好表现，积极参与学生工作，服务同学。希望在以后的工作和学习中，继续保持并发扬优良作风，兢兢业业，争取更好的成绩。强烈推荐！

数学学院党委秘书　　阮琳琳

许利通 XU Litong

■ 个人简介

男,汉族,1994年2月出生,中共党员,电气工程学院电气工程及其自动化专业2014级学生。曾荣获唐仲英德育奖学金、国家励志奖学金;美国大学生数学建模模竞赛一等奖、全国数学建模竞赛省二等奖;获江苏省"三好学生"、东南大学"优秀学生干部""三好学生"等荣誉称号。

不忘初心　砥砺前行

电气工程学院　许利通

思想进步、学习认真、工作积极、全面发展是我的追求。我努力用实际行动证明大家给予我的"三好学生""优秀大学生党员"的信任与肯定,不会白白浪费。我不会让大家失望。

■ 又红又专　展现青年先进性

思想决定心态,心态决定行动,行动决定结果。只有端正的思想才能指导人走正确的路。

我的父亲是一名优秀的共产党员,受他耳濡目染,我从小就对党组织充满着无限的憧憬。刚入学我便递交了入党申请书,庆幸很快被同学们推荐为团内推优对象,成为第一批入党积极分子。之后参加了党校培训,认真学习了党章、党史及马克思主义等政治理论,并努力参与党组织活动,争取早日成为一名真正的共产党员。最终,通过努力,于2016年5月我光荣地加入了中国共产党,成为一名预备党员。

除了在课堂上学习政治理论知识外,在课外我还通过阅读相关著作、学习党章、学习习近平重要讲话精神、听讲座等各种形式来拓展和巩固理论知识。我知道,作为一名中国共产党党员,不仅要在思想上入党,更要在行动上入党。我时刻以共产党员的标准严格要求自己,在学习、工作、生活等多方面努力做出表率,体现共产党员的先进性,同时,也时刻牢记党的宗旨——全心全意为人民服务。有时候,我还能做到不断鼓励、指导和帮助身边的入党积极分子,端正他们的思想,监督他们的行为。此外,我还积极组织、参加各项党日活动,在大二学年,我和我所在的党支部以学习《习近平总书记系列重要讲话读本》为基础,围绕社会热点名词——社会主义核心价值观开展了"正心于身,明德天下"的系列党日活动,引领优秀电气青年明核心价值观、辨社会之思潮。该活动获得了"东南大学最佳党日活动一等奖"以及"江苏省委教育工委最佳党日活动优胜奖"。

德才兼备　练就真本领

古语有云:"少而好学,如日出之阳;壮而好学,如日中之光;老而好学,如秉烛之明。"将学习贯穿人的一生,不断地学习才能扩展人类思想的境界,学生的天职便是努力学习,只有学好科学文化知识,积累丰富的知识,才能为将来踏入社会、步入岗位打下扎实的基础,成为国家建设的栋梁之才。

学习方面,我时刻严格要求自己。刚入学时,兴趣使然我加入了学生会和其他的学生组织,责任又促使我将其余时间全部投身学习。三年来,上课前坚持晨读,下课后驻扎图书馆,往往直到闭馆铃声响起,我才知道漫长的一天即将结束。同学们看到我每天扎根图书馆,大家都笑称我是个书虫,每天挤在书里生活。充沛的时间投入不完全是成绩的保证,学习还得讲求效率。扎实的基础、求实的态度、高效的方法方能给人带来应有的成果。从大学一年级开始,我的综合成绩排名第一,入校以来连连获得东南大学学习优秀生、唐仲英德育奖学金、国家励志奖学金、东南大学三好学生、江苏省三好学生等荣誉。

全面发展是当今社会寄予大学生的基本要求。提升自己的科学知识素养重要,注重人文艺术素养方面我也不敢懈怠。平时,我充分利用图书馆资源,阅读其他学科的相关书籍、报纸、杂志,经常听取人文、社科、艺术等方面的讲座,拓展知识面,不断提高人文素质。大一时通过了计算机国家二级等级考试、江苏省计算机等级考试二级证书,并以高分通过了英语四六级。

学而时习之,学而常用之。理论学习中,我也特别注重学思并重,理论与实践的紧密结合,曾参与多个竞赛、科研项目,获得过美国大学生数学建模竞赛一等奖、全国数学建模竞赛省二等奖。重要的不是结果,而是参赛过程中的体验,正是这些体验带给我美好和激励。

印象最深的是"美国大学生数学建模竞赛",历时4天,对我来说却远不止4天。确认参赛后组队、赛前练习准备、比赛的第一天、比赛的第二天、比赛的第三天、比赛的第四天、赛后总结、等待成绩……林林总总,时日难算。

赛前准备。我们小组在校赛通过后,留校进行了专项培训,期间学习了数学建模方法、MATLAB软件、Lingo、数据分析软件SPSS等等。然而一切并没有想象中那么顺利,国赛成绩并不理想,我们认真分析了自己的问题所在,在美赛到来前反复模拟练习,熟悉竞赛要求,模拟往年赛题,研读优秀论文。

终于,比赛开始了。赛题出来后,不久我们便确定了选题,是一道高速公路收费站系统设计优化问题的题目。根据以往的经验我们很快锁定了元胞自动机的代码,并让元胞自动机模型成为了论文的核心。通过这个模型,我们用动图演绎了实际生活中车辆通过高速公路收费站的流动模型,然后将之前设定的变量参数考虑进去,成功地进行了模型的求解、分析。

美赛 4 天,我们每天睡觉时间短于 5 个小时,最后一天通宵未睡。这种生活,回想起来其实还挺美好的。因为美好的不仅是比赛的结果,更是沿途的"风景",以及一直在线的团队友谊。

■ 全面发展　锤炼勇担当

我深知一个全面发展的人,除了学习专业知识外,更应重视提升自身的综合素质。我兴趣广泛,喜欢音乐、阅读、书法等,爱好运动,还是院足球队队员,前两年体育成绩均分 90 分以上,其中一学期达到满分。

从大一开始,我就热衷集体活动,首先竞选到班级学习委员。我认为学习委员应该协助班委全面负责班级学习事务。在任期间,我便尽我所能帮助班内学习掉队同学。一位同学由于种种原因,多门挂科,我便主动出面帮助他完成数门课程的重修目标,成功解除了该同学的学业预警。大四上学期,保研成功以后,考虑到很多同学需要考研、找工作,时间、精力不够,我便主动承担班长职务,继续为班级同学服务。

作为班干部,我努力成为辅导员的得力助手,及时将同学们的意见和建议向老师反馈,并努力做好同学们的思想工作,起到老师与同学们的桥梁作用,由于表现突出,便获得了东南大学"优秀团员""优秀学生干部"等荣誉称号。

在自身发展的同时,我也没有忘记回报社会。在入学初,我便加入红十字会,为无偿献血奉献了一份心力;于 2015 年加入唐仲英爱心社,多次组织策划志愿活动;曾参加"南京南地铁志愿者"活动,为迷途的路人指引方向;积极参与学校校运会志愿者服务,为校运会奉献力量;参加"清水亭义务家教活动",帮助困难的学生免费做家教,努力促进教育的公平,在活动中,凭着优秀的表现,我获得了"优秀志愿者"称号。

大一暑假，我组织参与了"涟水手拉手夏令营"暑期实践活动。首先与全体志愿者一起进行了7天的培训、策划、排练和物质准备，7月初进行为期5天的支教活动。活动中，我们创设了素质拓展、社会实践、科技节等多种多样的活动模式，旨在扩大孩子们的知识面，激发、培养他们的学习兴趣，教授他们学习经验。同时通过微信宣传此次活动，也有幸被"江苏教育频道"报道。

东南大学赐予我自信的心态，坚韧的精神，带着许多被激发的潜能，我浑身是劲，干劲十足，我会向着未来大步前行。我深知自身还有好多缺点和不足，我会尽自己最大的努力去学习、改正。目前虽然在思想、学习、工作、志愿等方面有着一定的成绩，但这还远远不够，在今后的学习和生活中我将一如既往，不忘初心、砥砺前行，力争取得更好的成绩，成为社会、国家有用的人才，从而实现自己的人生价值。

指导老师 曹奕

师长点评

许利通同学热爱祖国，思想进步，积极发挥党员的先锋模范作用；勤奋好学，肯钻研，成绩优异；工作认真负责，能主动在班级、学院工作中奉献自己；热爱公益，在获得社会关爱的同时不忘回报社会，积极参与社会公益活动；多次获得奖学金、三好学生等荣誉。

东南大学首席教授、IEEE Fellow 程 明

王 菁
WANG Jing

■ 个人简介

女,汉族,1996年3月生,中共党员,东南大学材料科学与工程学院2014级本科生。曾获国家奖学金、校长奖学金、梅特勒-托利多奖学金;外研社杯大学生英语竞赛国家三等奖;获江苏省优秀共青团员、江苏省优秀志愿者等荣誉称号。

大道无垠　行者无疆

材料科学与工程学院　王　菁

三年前，带着曾经无限的憧憬与梦想，我跨入了东南大学的校门，步入了梦开始的地方。大学意味着更多的选择、更大的自由以及更重的责任。六朝松下，九龙湖畔，人才济济的东南大学从来不缺少才华出众的青年才俊。刚进入大学的我在繁重的学业和忙碌的学生工作中陷入迷茫。大学的生活就如同朝圣之路，之前的漫长道路是沙漠、是荒野、是风吹山林的寂静，最后一百公里风光旖旎，人人都向往。如今，在东大的第四个年头，回首我走过的道路，我感到欣喜。我知道，我的大学生活如同一场华丽的冒险，走过的每一步都能生发出惊落风雨的磅礴气势。青春的力量本就无法压抑，不是吗？

■ 抬眼仰望繁星起俯首甘为夜读人

晚上九点四十五分，李文正图书馆响起了闭馆音乐，图书馆里响起稀稀落落的整理书本的声音。这样的声音我听了很多次，图书馆正门前的月牙湾，我也看遍了它的一年四季。没有课的时间，我喜欢找一个图书馆的角落，对于每一门课程进行系统的预习和复习。学习对于我来说从来不是一件难事。从小养成的良好的学习习惯，让我在面对大学各种课程时游刃有余。知识不厌百遍学，我喜欢反复钻研一道深奥的数学题，喜欢反复思考一个复杂晶胞的结构,也喜欢反复研究二元相图上每一个成分点,每一条三相线。正因为刻苦钻研,我的学习成绩优异,累计绩点年级第一,有多门课程获得了课程奖;大一学年获得了梅特勒-托利多优秀大学生奖学金;大二学年获得了国家奖学金,被评为东南大学校"三好学生";大三学年被评选为"江苏省三好学生"。

刚进入大学,我选择加入了英语协会。每天早上,我提前到教学楼,和一群素不相识的小伙伴在同一间教室里进行英语早读。扎实的英语功底,频繁的语感训练,以及参加国际交流协会一对一活动的经历,让我在英语这门学科上取得了不错的成绩,并获得了外研社杯全国大学生英语竞赛国家级三等奖、校级三等奖,大学生英语阅读竞赛一等奖,在大学生英语四级考试中取得 680 分的高分,六级取得 607 分的高分。学习英语不仅仅是为了扩展个人的语言能力,更是一种国际化的需求。我期待着每一次与外国友人的交流,我骄傲我能够用清晰的吐字、流利的语言告诉他们,中华传统文化是多么的博大精深,中国的历史又是多么的沧桑厚重。

■ 青春奉献赤子心满腔热血总关情

我一直都认为,人的一生中,至少应该有一次,放下所有现世的琐事,去做一件真正想做的事情。于是在 2016 年的暑假,我背上行囊,踏上了去往广西壮族自治区河池市的行程,开始了我的支教生活。支教 21 天的生活显得那么短暂而仓促,我在学生食堂和学生一起吃日复一日不曾改变的饭菜,我和学生一起住在阴暗潮湿的 12 人一间的宿舍,我体会着他们的清苦,感知着他们的希望。站在讲台上,看着教室里纪律松散,似乎毫无听课欲望的学生,刚开始的我是束手无策的。后来,我在课堂上拓展知识,开展丰富的课堂活动,增设体验大学生活的课程,重新燃起学生们对课堂的兴趣。21 天的时间太短,短得来不及细细回味,刚对这片土地、对这里的人们产生感情便迎来分离。我从不后悔在这个暑假里,选择到广西的山区支教,我告诉孩子们，大山外面还有一个不一样的世界，激起他们走出大山的希望，这就足够了。

如果说青春是一张白纸，我愿意用奉献在纸上留下鲜红的掌印，用这样鲜艳美丽的方式，纪念我帮助过的人和帮助别人的自己。进入大学三年以来，我热衷各类志愿者活动，参加了南京市上元小学公益宣讲活动、关爱保洁阿姨志愿者活动；担任了全国高校科学营东南大学分营的志愿者、材料科学与工程学院三十周年院庆的志愿者；定期探访敬老院，参与到一系列的献爱心活动中去。因为在志愿活动上的突出表现，被评为江苏省优秀志愿者。鲁迅先生曾说过，在人生的路上，将血一滴一滴地滴过去，去饲别人，虽自觉渐渐瘦弱，也以为快活。如果我们的一生，能够留给别人——哪怕是很少的一部分人，一些美好的东西——温暖、希望，那便值得我孜孜一生。

■ 纵观浩瀚人生戏 我命由我不尤人

大学生活就如一个大舞台，幕布随时拉开，我们可以在任何时间任何地点展示最好的自己。人生的课堂包罗万象，做好学问，学会处世之道，才能让我们在人生的舞台上绽放华彩。回顾我进入大学后的学生工作，我担任了校团委文体部副部长、院学生会副主席、院本科生党支部书记、院本科生团总支书记、团支部书记，这些经历每一个都在我人生的画卷中留下了浓墨重彩的一笔。我成功组织协办了东南大学新生文艺汇演、五四表彰大会、微电影大赛等校级重大活动，也认真细致地做好了党支部和团支部的每一项日常工作。在这里我不仅提升了个人的组织协调能力，培养了团队协作意识，也因为在学生工作方面的突出表现，获得了江苏省优秀共青团员，东南大学优秀学生干部，东南大学优秀党员，东南大学优秀团员，院学生会工作积极分子等荣誉称号，在我担任团支书期间，我所在团支部也被评为校甲级团支部。

舞台之上，谁主沉浮。我渴望站在舞台上，去展现属于我的青春的绚烂风采和独特风格。舞台下数个日夜的苦练,造就了舞台上绝美的风姿。聚光灯下,我闭上双眼,心中默念:让生如夏花之绚烂。我在校园里大大小小的舞台上主持过不下十次的大型活动和颁奖典礼,微电影大赛决赛、微视频大赛颁奖典礼、迎新晚会、团学联换届大会的现场都有我的身影。除了主持人之外,我在炫舞之夜的舞台上展现了我的舞姿,也在东南达人秀的舞台上展示自己的跆拳道才艺,获得东南达人秀第四名的成绩。丰富的学生工作经历和社团活动经历,积淀出我异常精彩的人生大舞台。

我的青春宛如一段远行,我若行者,在那段朝圣之路上,经历如置身迷雾的未知冒险,挑战无处不在的难题,只因着一份信念——带着努力与希望前行,终会遇到一段旖旎的风景。如此,我便敢于把世界上每一片土地都放在脚下,去开拓属于我自己的无垠疆土。

 杨 吉

梦想和理想从大学开始,目标的实现靠知识、能力,也要靠努力和毅力。王菁同学不仅学习刻苦、成绩优异,积极参与校园文化、社团活动,更加热心于学校和公益事业,用丰富多彩的经历衬托出了绚烂美丽的青春。

——材料科学与工程学院院长、教授 薛 烽

青春——奋斗 荣耀起航

第三篇

左恺仙
ZUO Kaixian

■ **个人简介**

女,汉族,中共预备党员,东南大学人文学院社会学2013级本科生,现为人文学院2017级社会学研究生。在校期间,先后担任人文学院学生会组织部副部长、唐仲英爱心社秘书长、医学院2017级兼职辅导员、研究生社会学系班长;多次荣获东南大学"优秀志愿者""三好学生"称号;全国"助学、筑梦、铸人"征文比赛一等奖、全国研究生数学建模竞赛三等奖、东南大学第三届"我来做主编"期刊出版大赛三等奖;唐仲英德育奖学金。

如果不曾遇见你

人文学院　左恺仙

独自在黑夜中守候
看不清夜的来处
亦不明它的去处
凝望、呼吸、等待
直到你来
目光所及之处尽是阳光
……
如果不曾遇见你
孤独、朋友、东大
我，还会是，伤痕累累
……
而现在，我只想闪闪发光
如果不曾遇见你，孤独

一直以来，都不觉得自己是个幸运的人，背负的伤口太深，总会在某个不经意的瞬间莫名的疼痛，甚至血肉模糊。夜深人静的时候，总会纠缠在那个支离破碎的梦里，那个承载着太多恐惧与悲伤的噩梦。

那个夏天,埋下去的、走了的,是你也是我;至此,爱的、恨的,是你也是我。不知道是不是因为年纪太小就经历了生离死别,但我却也是从那时起,开始变得成熟,静默地收藏着自己的喜怒哀乐,也很少露出同龄人那无忧无虑的笑,失去了一个孩童本该有的温暖和幸福,就算阿姨、姑姑再疼我,却总归不像骨肉亲情那般可以撒娇、可以任性,所以一直以来我都收敛自己的娇气、欲望,学着懂事,学着乖巧,一个人静静地成长,一个人倔强地独自走过青春期的漫漫长路,也渐渐长高了个子,长成了大人的模样……

因为走过,所以从容。

■ 如果不曾遇见你,朋友

从没想过,我的世界,也可以梨花胜雪,洁如初生。

2013年,和所有考生一样,带着满心的踌躇、焦虑与期待,度过了那个灼热难耐的夏天,等待着十年寒窗苦读的最终结果,不一样的却是,我只想逃离,远走他方。收到了东南大学的录取通知书,没有过多的纠结,一个人背着行囊,奔赴一场不可预知的远行。新的开始,我却依旧是一个淡漠的人,想过改变,想过重新来过,但是这一切绝不仅仅如这几个字一般寥寥几笔就淡然来过。改变,破茧重生,不仅需要勇气,还需要别人的成全。

腊月末的冬天,湿冷交加,因童年交通事故留下的旧伤也不可预知地复发,没有过多的害怕,一个人硬着头皮去了医院,半麻醉的状态下在手术床上躺了五个小时,清晰地感觉到自己在流血,清楚地听到钻头触碰骨头时的声音,清晰地感觉到一大片的恐惧吞没着自己,不害怕是假。就这样,左手握着右手,指甲深深地嵌入肉中,靠着另一种刺痛感来麻痹自己。

总以为自己很坚强,却还是会在一个人面对恐惧的时候软弱。依旧记得手术结束后,独自躺在手术床上一个劲儿地流泪,吓坏了做手术的医生,连忙问我"小姑娘,是不是还疼?"而我则背过身子坚定地说"不疼"。以为自己会一个人默默地痊愈,但当我的同学、老师交替出现在床前时,虽然嘴

上不说什么,但心里早已被这一大家子的人融化。是他们,陪我度过在医院的每分每秒,是他们,陪我度过每一个疼痛煎熬的夜晚,只要跟着这群人的脚步,就永远不会迷路。第一次真正地被感动,第一次觉得情谊这种东西真好,第一次莫名地想去珍惜什么。或许这么久以来,我更需要的是陪伴,而精神上的慰藉相比于金钱上的资助来说更难能可贵吧。

术后的日子并不简单——落下的课业,甩尾的成绩时时刻刻地提醒着自己作为一名学生的失败。我不甘心,好不容易考上重点大学怎么可以因为一场手术就放弃,心中战鼓响起:我是左权人,将军的精神早已融化在我们的血液中,我不怕输,也不服输。之后的日子,在老师、同学的共同帮助下,我奋起直追,用无数个挑灯夜读的夜晚来证明自己。三年后的我,综合成绩名列前茅,成功获得免试攻读研究生资格。

我的大学,因一场手术而分外闪亮。很幸运,在大学能加入唐仲英爱心社,遇见全新的自己,拥有一份充满色彩的大学生活;很珍惜,有国家的助学政策支持,有东南大学资助管理中心的帮助,使我能安心逐梦;很感恩,身边的老师与同学用行动一步步地打动我,让怯懦自卑、伪装得没有任何情绪的我重拾真实。

因为感动,所以改变。

■ 如果不曾遇见你,东大

从今而后,褪去伤痕,闪闪发光。春光陌上,将是草长莺飞……

其实,每一次感动我都记得,都一直温存在内心最柔软的地方。我记得,是国家助学贷款帮我圆了大学梦,让我从容地享受着大学里每一缕自由的空气;我记得,是学校发放的寒衣,温暖了整个严寒而孤独的冬天;也记得,是学校的路费补助,让我不再惧怕距离,不再害怕遥远的他乡阻隔儿时的故乡;也记得,是学校的资助爱心社团,使我遇见一群可人儿,让我的世界也充满洁白的银铃般的笑声;更记得待我如子女般的资助中心以及学院的各位老师……走过的每一步,我都记得,每一个感动的瞬间,我都珍藏。我想:岁月带走的,必将也会以另一种方式补偿给我吧,比如:我身边的你们。

"踏花归去马蹄香",时光不会忘记我们走过的路。大学四年,我相继获得校级暑期社会实践"优秀个人""优秀志愿者""三好学生"等荣誉称号,也多次获得东南大学唐仲英德育奖学金、国家励志奖学金等。同时,我还积极参加暑期支教,将自己接受到的爱传递给每一个在贫瘠土壤中成长的小孩,让爱的故事传递;担任东南大学唐仲英爱心社秘书长,用绵薄之力让校园充满爱的芬芳;参加暑期菏泽团大学生宣讲,将我的青春正能量传递给每一个需要的学子……

今年夏天,带着满心的感动与深情,我将在东大开始我的研究生生涯,继续撰写我与东大的故事。只是,这一次,让我来拥抱你;这一次,让你为我而自豪。

因为爱得深沉,所以不离不弃。

指导老师 何熠

师长点评

看了左恺仙的这篇小文,我的第一反应是心疼,继而是欣慰、感动!我既心疼左恺仙苦难的身心成长历程,也为她心灵和精神的茁壮成长而欣慰,这是一个生命成长的故事,而这个成长离不开她的土壤——东南大学!我既感动于东南大学师生为左恺仙提供了温暖的精神支持、人文关怀和必要的物质支撑,也感动于左恺仙心怀感恩、积极进取、勇敢前行的步伐!这篇小文让我认识了不一样的左恺仙,更认识了不一样的东南大学!这是一个温暖的故事!

东南大学人文学院社会学系副教授 龙书芹

LIU Xin 刘 新

■ 个人简介

男,满族,1995年2月出生,共青团员,材料科学与工程学院土木工程材料系2014级学生。曾获国家奖学金、光华奖学金;第五届全国大学生金相技能大赛一等奖、第七届全国混凝土设计大赛二等奖;获东南大学"三好学生""优秀学生干部""三好学生标兵"等荣誉称号。

花开两岸

材料科学与工程学院 刘 新

时光如同一位梦幻的魔法师,总是在不经意间向我们呈现着日出日落、四季更替。转眼间,我乘坐着时光的穿梭机,在东大的这一驿站度过了三个春秋。

时光的脚步从未停歇,人们也总会不自觉地追赶着时光的步伐。我也一样。当自己有一天真正停下脚步的时候,蓦然回首,却发现人生的旅途中不仅有前方的美景,自己走过的路早已是花开两岸。

不知不觉,我在东大经历了三年的花开花落、云卷云舒。三年,我见证了东大一点一点的变迁;三年,东大也见证了我一步一步的成长。依稀记得,2014 年的夏天,我带着满腔的热情千里迢迢地来到这个富有深厚文化底蕴的城市——南京。当时的我还是一个和父母离别之后转身偷偷抹泪的少年,如今的我早已褪去了当时的懵懂,变得更加淡定和从容。

初入东南,就被东大的整体学习氛围所震撼。高中耀眼的光环早已被消磨的不见踪影,带给我的只是自我怀疑和自我否定。高中的学习方法论似乎在大学的学习生活并不适用,盲目地学习并没有带来实效,我也是第一次真正体会到高中老师经常给我们的告诫——"山外有山,人外有人"。大一,就这样在迷茫中度过。

经过一年的磨炼,我似乎才找到进入大学的钥匙,开始适应大学生活

的节奏，大二一学年显得格外的充实和丰富。此时，我已经开始慢慢接触了一些专业课，对自己所学的专业有了进一步的了解。课余时间，我也接触到了课外研学项目，顺利地承担了一项国家级课外研学项目。经过老师的指导和自己的努力，这个项目经过为期一年的时间最终以"优秀"结题。项目期间，我以第一作者撰写的论文被中文核心期刊《中国腐蚀与防护学报》收录。由此，我深深地喜欢上了科研，喜欢在经过几天的努力后得到有效的数据的喜悦，喜欢每天被实验充实的"饱腹感"，喜欢整个过程中对真理的探索和追求……

作为一名"材料人"，金相技能是其应该具备的基本技能。很幸运地，我经过培训和选拔，代表东南大学赴清华大学参加了第五届全国大学生金相技能大赛。大赛期间，经过三轮选拔，最终脱颖而出，获得一等奖。这一次的参赛经历让我加深了对材料专业的理解和体会，也是对我在动手能力上的一次提升。为了对我所学的专业有一次实践机会，我作为队长报名参加了第七届全国混凝土设计大赛。这项由中国建材总院举办的赛事吸引了很多来自全国高校和企业的人员参赛，凭借着我们小组的团结协作，完善的配合比设计工艺和成型方式，获得了全国二等奖。拿着沉甸甸的奖牌，回想着一路走来的艰辛和付出，努力终究没有白费。

大二学年，不仅是成绩提升的一年，同时也是社会工作积累的一年。这一年凭借在学生会编辑部中优秀的工作作风，我被推荐为编辑部的部长。任职期间，我带领着一群热爱新闻编辑和采访报道的同学们，为学院的新闻报道贡献出自己的一份力量。在此期间，我不仅收获了同事之间的友谊，还锻炼了自己的领导能力和组织能力。

两年间，我见证了自己培育的种子在一天天发芽、长大。大二学年排名7/118，绩点4.076，凭借着踏实的学习态度和优良的工作作风，曾获得东南大学光华奖学金、东南大学"三好学生""优秀学生干部"称号，社会工作优秀奖等。

大三是再成长的一年。大三学年的我已经是东大的老朋友了。此时的我,已经卸去了当时的稚嫩和迷茫,有了自己的人生规划和思考,此时的大学生面临着人生中又一十字路口——读研或工作。出于对科研的热爱,我毅然决定继续深造。因此,在大三一年中,我努力学习专业知识,不断丰富自己的知识体系。在大三结束后,我凭借着优异的成绩(绩点4.406),获得9门课程奖,专业成绩排名2/118,获得国家奖学金和东南大学"三好学生标兵"荣誉称号。

我深知一个优秀的学生,一个科研工作者,不仅要有扎实的理论基础作为支撑,同时还要有较强的实践能力。基于这样一个出发点,我在暑期进行了两个月的实习。我经过简历投递,顺利进入南京先磁新材料科技有限公司实习。实习期间,担任研发助理。在这个过程中,我更加深刻地体会到科研的意义,同时我也在点滴中学习如何待人接物、如何沟通交流。凭借着较强的综合能力和平易近人的性格,我获得了同事的好评和喜爱。这样的一次经历也使我在各方面有了很大的进步。

竞争激烈的保研选拔在大四初期就开始了。在保研环节中,我以成绩第一的成绩顺利保送我校博士研究生。在享受着被保送的喜悦的同时,也要感谢三年来给予我帮助和鼓励的老师和同学们,是他们在我迷茫和失落的时候,给我安慰和方向,让我在错综复杂的旅途中不再慌乱和失望。当然,我也要感谢自己,感谢自己三年来的坚持和付出,倘若,三年前,我遇到否定和质疑的时候,选择继续逃避,那么,我现在也不能如愿以偿。

回想三年的收获和体会,一个个画面像影片一样在我的眼前映现。如果真的将这三年比作一部电影的话,那么一定是一部精彩的电影,电影中有失落的自己坐在书桌前怀疑自己的能力的镜头,有和朋友突发奇想在跳蚤市场上努力吆喝叫卖的特写,有上课时努力保持清醒认真听课的场面,有赛场上为小组的荣誉而战斗的画面……这一幅幅平淡的画面组成了我三年最好的时光,可能这部电影对有些人来说枯燥乏味,但是对于我来说却可以回味一生。

三年,在人生的长河中看似很短,但是,三年,足够我成长。我知道现在的我还有很多进步的空间,自身存在很多的不足,这些不足也需要我经过今后的很多个三年来发现和改正。在今后的学习生活中,我要始终将"止于至善"的东大精神铭记于心,多总结现有的经验,向其他优秀的同学虚心学习和请教。努力学习科学文化知识,不断完善和丰富自己的知识理论体系。

我的三年就是这样,在东大还有另外的三年,我和东大还会有很多故事。未来,路途还很遥远,我希望,我的每一次启程,都要卸下以前的光荣和赞扬,带着初心出发,这样你就会惊喜地发现,彼岸早已花开。

期待下一段征程……

 杨 吉

刘新同学上课总坐在前面,思路紧跟老师,回答问题积极。读书报告选题、内容、表达、PPT制作等都很突出。是个做事用心、为人向上、有潜力的同学。

材料科学与工程学院教授　钱春香

林 凯 LIN Kai

■ 个人简介

男,汉族,1996年12月出生,中共党员,东南大学经济管理学院信息管理与信息系统专业2014级学生。曾获2017年国家奖学金;第七届全国大学生电子商务"创新、创意及创业"挑战赛江苏省二等奖,2017年东南大学电子商务创新创意创业竞赛一等奖;获东南大学"三好学生标兵""三好学生"等荣誉称号。

奔跑不止

经济管理学院　林　凯

■ 初生牛犊,愈挫愈勇

刚入大学,我下决心全方面提升自己,不再是高中两点一线的学习生活,而是要更多地追寻自己真正热爱的事。在第一次班会上,我竞选为公共卫生学院劳动与社会保障班班长。与此同时,经过几轮面试,我竞选成为公共卫生学院学生会生活部部长助理,因为学长们都在丁家桥校区,所以部长助理便要负责九龙湖校区学院活动的后勤工作。既是班长又分管后勤的我,也因此经常出没在学院各项活动的台前幕后。

自高中起我就期望能有一身强健的体魄,但苦于没有时间。为了消灭一身赘肉,我下定决心要努力锻炼。在社团"百团大战"的时候,我毅然参加了校龙舟队,成为了一名预备队员。至今仍然记得龙舟队的第一次训练,老队员带着我们新生一起绕学校跑一圈。当时我对九龙湖校区的印象只有一点,那就是很大很大,一圈几乎是一个不可能完成的任务。更何况我在高中连1千米都很难跑完全程。果然,刚跑过九龙湖接近橘园食堂,又渴又累、腹腔疼痛难忍的我停了下来。学长告诉我那一圈是5千米,"一圈都跑不完的人可能不太适合我们的队伍"。虽然有些气馁，但更多的是愤怒，愤怒自己面对困境时的懦弱。"我一定要留下来，我要证明给大家看我可以。"怀着这种信念，我开始逼迫自己不停奔跑，再累也不能停，直到终点。第二次成功跑完全程，于是有了第三次、第四次。后来队里"跑校"我几乎每次都是前几个到达终点的，凭借着不服输的信念我在期中考核后成为一名正式队员。跟着学长们在健身房进进出出，一个学期下来竟然出乎意料地瘦了，腹肌开始显现出来。

然而一切并不是那么一帆风顺。对社团倾注了太多精力的后果便是大一上学期绩点的崩溃。一盆冷水浇醒了自己，我开始思考我到底想要怎样的大学、开始思考我的路在什么地方。是在大学的自由中放纵享受还是在约束与忍耐中默默前行？是留在"公卫"大二迁到丁家桥，还是转系留在湖区？我的兴趣点在哪，编程还是金融？在经历过漫长的挣扎后，下定决心转系经管。咬牙告别了龙舟队，减少了在学院活动中出没的次数，往返于教学楼和宿舍，规划好每一个小时。很多次，看到曾经一起挥洒汗水的兄弟们在操场上进行着体能训练，而自己默默背着书包前往教学楼。正如当初"跑校"时那样，前路漫漫，我唯一能做的，就是咬牙坚持。2015年的夏天，我以第2名的成绩，转入了信管专业。

■ 一分耕耘，一分收获

转系的成功对我来说意味着新征程的开始。为了尽早融入班级，我再一次站到了竞选班委的讲台，以体育委员的身份给大家宣传健身知识。回归了龙舟队，我又开始活跃在健身房。正因为得来不易，因此倍加珍惜。每次训练非到精疲力竭不能停歇。在龙舟队的日子里，一共打了五场比赛，有南京市赛也有江苏省赛，都名列前茅。"不停鼓不停桨"

的坚韧、互相鼓励的团结、比赛终点齐唱校歌的豪迈都是龙舟队留在我大学生活里的印迹。曾在大一时参加过一次关于临终关怀的宣讲会,被学姐的理念所打动,跟着学姐参与了几次志愿活动。适逢看了一本《相约星期二》的书,感慨于书中老教授与学生间的情谊,我不禁联想到学校部分学院退休教师的生活情况。于是我利用 SRTP 的机会,和几位同学一起结合调研项目,开始了关怀退休教师的行动,同时继承了学姐发起的临终关怀活动,成立了生命关怀协会。在一个个周日的上午,一行志愿者前往医院,给重症病人们和住院的退休教师送去温暖。从退休教师的人生经历中,我感受到了求学要勇攀高峰、止于至善的精神;在和病人们的交流中,我领悟到了珍惜当下、热爱生活的态度。我负责把出国志愿者和国外项目对接起来,在学校举办志愿者交流会等活动,这段经历极大地锻炼了我的处事能力,也让我接触到了很多优秀同学,在我的前行路上树立了标杆。

大二、大三的学习比想象中要忙碌,大一养成的自律习惯不允许自己有任何的松懈,我甚至比以往更为频繁地出入图书馆。社团使自己的大学生活更为充实,但也有被几个社团拉扯到疲惫不堪的时候。每当此时,我喜欢换上一身短袖短裤,沿着学校昏黄的路灯,默默跑上一圈。想起大一时的挣扎与决心,看着灯火通明的图书馆,眼前的路便又清晰了一些。苦心人,天不负。在一学期接一学期的奋斗下,绩点逐渐上升到班级第一。在和专业课老师的交流过程中,我发现信管专业作为管理科学与工程的一个分支,不仅对专业知识积累有一定的要求,更重视用数学模型和计算机技术解决社会和企业管理方面实际问题的能力。因此我除了跟进教学计划范围内的专业课以外,自学过 R、JAVA、SPSS、QGIS、CTEX 等语言和软件。此外,为了进一步深化对专业知识的掌握,我自学了 CMA(美国注册管理会计师），并以超过分数线 60 分的成绩通过了第一阶段的考试。CMA 的学习使我能够把所学的诸如运作管理、供应链管理、财务管理、投资学、预测与决策分析等专业课的知识与企业运作的实际情境相结合，从而加深了我对课程及知识的认知与理解。在 2017 年 5 月份的东南大学大学生创新创业竞赛中，我和队友们以《基于智能农网系统的云服务平台》项目，获得校一等奖的成绩，入围 6 月初的江苏省大学生创新创业竞赛。在竞赛中，我主要负责云服务平台大棚端的构建，不停地看文献查资料，结合自己实地参观的记忆，对大棚端的监测、调控体系进行了多次优化。一到课余时间，便和组员们探讨项目的最新进展。在省赛中，因为项目还没有正式落地，只获得了江苏省二等奖，虽然有些遗憾但还是为自己的努力得到了肯定而开心。

作为新时期的大学生，我认为更要勇敢地走出校园，在用中学，接受职场的磨炼。大二暑假，我独自一人前往上海，在上海新生源医药集团有限公司实习，负责医学课题管理。协助部门主管设计了国家重大疾病防治科技专项课题的申报网站。今年 7 月份，我参加了中国银行江苏省分行"繁星闪烁"实习生项目，利用专业课知识完成对南京市土地交易数据的分析，得到一份关于南京市土地拍卖保证金的分析报告。此外，我积极参与中行组织的和我国台湾同胞的交流活动，获得"特别贡献奖"。

梦想不息，奔跑不止

时光如白驹过隙，倏忽间已是大四。纵使课程变少了，社团事情也渐渐淡去，自由支配的时间变得多了起来，但我仍不敢怠惰，一方面继续 CMA 的学习，一方面为了给研究生阶段的学习打好基础，我把目光移向了与专业相关的热点文献、核心期刊，并自学统计分析软件 STATA。曾经求

教于学长学姐关于转系、关于课程学习、关于保研等的事情,现在我作为高年级学生,也很开心能把自己总结的经验时常传递给学弟学妹们。每每走出李文正图书馆都能看到"止于至善"四个大字,想到自己在专业知识方面的积累还有很多欠缺,便觉得该更加投入。"路漫漫其修远兮,吾将上下而求索。"

 周 宇

师长点评

作为林凯的班主任,因为学号是第一个的缘故,很容易记住了这个名字。后来才发现,他不仅在学习上不断向第一冲击,成为班级里的学霸男神;更是在自己擅长的很多领域追求"至善",学校龙舟队、给退休教师送温暖活动、SRTP校级项目获奖等都有他忙碌的身影。作为任课老师对他聚精会神地听课状态,主动思考的态度所吸引,为他作为班长的勤勤恳恳、任劳任怨的性格点赞。在他所能参与的学习、实践和课外活动中,林凯都努力做到最好,很高兴在这位年轻人身上看到一种百折不挠的韧劲,对待任何事情认真积极的态度。希望林凯同学在以后的学习道路上取得更多收获,用自己的行动影响更多的人,在未来取得更大的成绩,不断追求卓越!

经济管理学院管理科学与工程系讲师　杨东辉

肖子璇
XIAO Zixuan

■ **个人简介**

女,汉族,1997年8月出生,中共预备党员,东南大学土木工程学院工程管理专业2015级学生。在校期间获得国家奖学金、中国路桥奖学金、文化素质教育奖学金;第五届江苏省工程管理创新竞赛一等奖、第九届房地产策划大赛江苏省二等奖;被授予东南大学"优秀团员""三好学生标兵"等荣誉称号。

文以载道，止于至善

土木工程学院　肖子璇

秋雨拂面梧桐微凉，深秋的一场雨将梧桐映礼堂的中央大道幻化为初冬对过往岁月美好的馈赠。而在这 2017 年四季轮回的最后一站，回望过去的一年，我也在流转的光阴里收获成长。每当回想起知道自己获得"三好学生标兵"荣誉称号的那一刻，我依旧能清晰地感受到当时夏夜的操场、聒噪的蝉鸣以及闺蜜知心陪伴的激动与恍惚。我很感激学校、师长和同学对我的信任与嘉奖，这是对我三年付出的肯定与赞许，身为东大的一名普通学子，我将秉承"止于至善"的校训在接下来的学习生活中更进一步。

■ 谦恭虚己 孜孜以求

如果用一个标签定义我，"我是一个文教人"是对我的一种肯定与褒奖。在大学的三年里，我是始终是东南大学文化素质教育中心的一分子。从干事到部长能力的提升，从新闻稿到推送稿的撰写编排，从一个稚嫩浅薄的高中生到如今条理清晰开始形成独立思考能力的大三学子，我的身上早已深深地打上了"文教"的烙印。

如果你问什么是"文教"人，我不会简单地回答我们是一群办讲座的人。"文以载道，教泽东南"是东南大学文化素质教育中心的标语，"文教"的日常工作是邀请各行业的精英、大师为全校师生传播人文精神，让科学和人文在这里碰撞,提高东大师生的人文素养。我们聆听王步高先生讲述东大的校史,将"百载文枢江左,东南辈出英豪"的校歌长存于心;我们追随丁肇中先生探索宇宙的奥秘,更为先生身上那求真务实的科研态度所折服;我们与水木年华一起轻轻吟唱校园的歌谣,更懂珍惜此刻最为珍贵的青春求学岁月。我们与名家面对面交流,思维火花的碰撞里闪耀的是东大学子求知的渴望。还记得易中天先生在东南大学的那场讲座,他对我们说"大学生不是培养出来的,是熏出来的。讲座听不懂也该多去听,多熏熏总是好的"。当时的我听不懂法理、理不清伦理、搞不懂哲理,但是三年在"文教"的熏陶中,我渐渐也会去关注社会民生,也会去独立理性的思考,也能在专家提到一些观点时洞悉背后的逻辑。

身为"文教"人,在接受各位大师前辈的文化熏陶中,我也将其中收获的感动践行到实际中。还记得我负责撰写新闻稿的一场讲座,讲者是年逾耄耋、头发花白,只能坐在轮椅为我们讲述的东南大学土木工程学院吕志涛院士。当吕院士进入会场,原本哄闹的人文大讲堂瞬间安静了下来,所有人心怀敬意的专心致志地听吕院士娓娓道来他一生的科研之路。讲座中途,老先生因为身体原因还需要不断向喉咙喷药剂来维持演讲,这一幕看得我们都红了眼眶。而正是因为有如此坚定的精神,才成就了先生一生在科研上的丰功伟绩;也正是对后辈科研的关怀,才在身体状况如此疲惫的状态下依旧为我们作报告,希望能引导后辈走上正确的学术道路。我也深受吕老先生的启发,自大一便开始积极参加科研竞赛,从东南大学结构竞赛三等奖到江苏省工程管理竞赛一等奖,从全国大学生房地产策划大赛江苏省二等奖到发表两篇论文,仅大一一年已获得5.8个SRTP学分。

在科研学术上的小收获没有让我沾沾自喜,与各位前辈在学术上的造诣相比我仍是望尘莫及,我始终谨记吕院士等众多名师的教导——大学生还是应该静一静浮躁的心态,给自己多一点时间,去修行、去沉淀、去思考。科研无疑是一个很好的方式去锻炼这份静定力,之后我参加了东南大学本科生创新创业训练计划项目,两年多不停地发问卷进行调查与实地走访,我走遍南京四大经济开发区的拆迁安置社区;我与形形色色的人群交流,倾听社区角落里那些被忽略了的声音,这让我对社会现实有了新的认知;繁琐的数据处理与分析,让我学会用科研的视角去理性看待和分析社会中的问题,去探寻解决的办法。最终,我也依托该省级创新项目在《社会科学前沿》和《经济研究导刊》两本期刊上发表课题论文,迈出了学术路上的第一步。除此之外,我也积极参与学术交流活动,今年三月份,我很幸运地能够代表东南大学工程管理专业的学生参加由 RICS 在上海举办的世界建筑环境论坛年度峰会,感受全世界专家学者最强思维碰撞。他们全方位、多维度的解读让人叹为观止,也激励我在学术路途上执着前行,不断追求。

身为"文教"人,我不仅注重自身文化综合素质的提升与科研领域的钻研,我更清楚地知道扎实的理论知识水平是提升其他各方面的基础。所以三年来我始终重视专业知识的学习,在学习成绩方面,过去一年我的平均绩点为 4.017,排名工程管理专业第一。取得这样的成绩要感谢师长的教导、同学的帮助,我也深知自己还需要进行更多的学习,从而百尺竿头更进一步。

如果你问什么是"文教"人,我会用我的行动告诉你,我们是一群传接科学知识、传递科研理念、传播文化思想的行动派。

■ 以梦为马 不负韶华

东大人文日兴,在"文教"这样一个东南大学最具有人文气息的社团,身为一个理工生的我也在这样的氛围里沾染上了些许的人文情怀。我热爱美食、热爱摄影、热爱生活,跳舞、弹琴、书法是我生活的精神家园,朋友圈里晒着缤纷多彩的社团活动,以一份热爱去探索生活里的诗意与美好。朋友会戏称我是工科学院的艺术生,我也很自豪能获得这样的称呼。

社团工作是我大学生活里不可或缺的精彩部分。大一时凭一腔热爱加入众多社团,除了"文教",还有学院学生会理事部、ACE 舞蹈部和器乐部、汉服社等组织,这一系列的社团活动丰富了我的课余生活,也在一次次的活动中感受不一样的东南色彩,也获得优秀干事、优秀部员的称号。在大二任"文教"办公室部长,也加入了万科俱乐部、东南大学舞蹈团,那些在缤纷耀眼的舞台上载歌载舞绽放的青春活力让我切身体会到东南大学作为一所双一流大学的包容与大气,社团文化活动的精彩与魅力在这里展现得淋漓尽致。那些为新生文化季闭幕式、跨年演唱会排练舞蹈的日日夜夜,那些为了不落下功课而身着演出服在教学楼学习到凌晨的分分秒秒,那些沉浸茫茫书海感受纸墨飘香的奋斗青春,都是我精彩大学生活里浓墨重彩的一笔。浸润在学校人文气息里的两年,我获得了精彩的体验也总结了一些经验,并且在大三很荣幸竞选成为土木学院2015级团总支书、2017级工程管理二班"班导"。我希望自己能为学院发展贡献一份力量,能根据自己浅薄的经历去帮助一些刚入大学的学弟学妹,我想这是一种责任的传递,也是一种学院文化的传承。

俗话说"文体不分家"。在体育锻炼方面我也不甘为人后。我在学院运动会比赛中获得女子组800米第三名、跳远第八名的成绩,平时也积极参与锻炼、强生健体,体育成绩100分。积极的体育锻炼不仅提升了我的身体素质,也使我在运动中得到释放、获得快乐。

■ 星星之火 可以燎原

毛主席的各种事迹总是作为睡前故事一代又一代相传,母校各种各样丰富的素质教育培养活动加上父辈祖辈从小的熏陶,让我这个湖南辣妹子对成为"始终保持先进性和纯洁性、为人民群众发光发热的共产党员"有着崇高的向往。在入学之后,我就积极申请加入中国共产党。很荣幸我通过了党的考验,成为2015级第一批预备党员。

我知道,共产党员是群众的标兵,身为预备党员的我要发挥自身的影响力和感染力。我深知文化素质教育是一种有效的传输路径,因而我会积极

地向班级的同学推荐各类讲座。与此同时班级凝聚力也在大家的共同努力下不断增强。在本学年"三好学生"和"三好学生标兵""优秀学生干部"的评选中，我们班最终占据6个席位，远远超越每班2个的平均水平。作为"班导"，我会到每个寝室了解情况，检查他们的上课情况，在学习和生活方面给予一些指导；也会偷拍他们认真军训的模样，和班上同学一起坐在深夜的体育馆楼梯上放声歌唱。我会牢记"和大家一起成长"的诺言，将共产党人身上优秀的精神品质继续传递、传播、传承下去，用实力将情怀落地。

 黄 珺

师长点评

子璇同学学习积极主动，永远坐在第一排，给我留下深刻印象。她严谨负责地工作，热情真诚地待人。运动会、新生文化季、跨年演唱会都是她的舞台；从"文教"部长、"班指导"到团总支书；从"优秀团员""三好学生标兵"到获得国家奖学金，她的优秀深深感染着身边的每一个人。我为她点赞！

土木工程学院建设与房地产系系主任、博士生导师 李德智

缪居正
MIAO Juzheng

■ 个人简介

男,汉族,1997年4月出生,中共党员,东南大学生物科学与医学工程学院生物医学工程(类)专业2015级学生。曾获2015—2016学年的国家奖学金、校长奖学金、联众奖学金;2017年全国大学生数学建模竞赛江苏省一等奖、2016年全国大学生英语竞赛C类三等奖;获东南大学"三好学生标兵"等荣誉称号。

读书有味,忙且从容
——行者缪记

生物科学与医学工程学院　缪居正

我还记得第一次跨入东南大学,是因为自主招生。在四牌楼校区,被面试老师问及:"你来东南大学半天,觉得我们东南大学怎么样啊?"我还记得第一次跨入宿舍,舍友都已经到了,大家羞涩而又激动地互问姓名。我还记得大一晚上十点半就睡觉的幸福时光、考试周略带紧张的氛围和2015年初雪时的美好景象。眨眼,两年有余。两年来我穿梭于教学楼、图书馆、实验室,漫步在梅园、九龙湖畔及六朝松下。我从当时好奇的四处张望,优哉游哉,到后来的步履匆匆。这每一步都见证了我两年来的成长。我——可以算是一个行者吧。

■ 读书有味且从容

两年来,步伐越来越快,我越来越忙。也难免有心浮气躁的时候。

偶尔和同学互相通信,信上说:"你似乎总说在忙,但是有的人忙得充实,有的人忙得空虚。我希望你是忙得充实的那一个。"这一番话振聋发聩,"忙得充实"也从此成了我大学最大的追求以及实施衡量自己、反思自己的一大准则。慢慢地,我从对忙的抱怨逐渐转到了适应,能够静下心来学习、读书、思考。

大一,应该是我学习上最沉得住气的时候。当时我怀揣着对大学的憧憬,总想着:大学,不就是往大了学、往深了学、往精了学的地方吗?

无论是学长学姐口中的雷区——工科数学分析,还是广受好评的C++,我都尽力去学,努力钻研,考试也不刷题,只是力求搞懂每一个知识点。基础稳固了,应付考试也就处变不惊了。这样的思路和习惯一直延续到了现在。

以基础为本,使我在分数上取得了不错的成果,大一上工科数学分析满绩,大一下工科数学分析、大学物理A满绩。在大一下学期除一门课89分外其余均在90分以上。最终,大一学年的平均绩点位列本专业第一。在英语四、六级考试方面,四级646分,六级609分。大二学年的模电、概率论、信号与系统、DCL也均取得满绩。大一、大二两个学年共获得6门课程奖,在班级内树立了一个学习认真的形象。

当然,重基础的习惯也促使我在做题之外有更多的思考,这些对考试看似无用的思考使得我在SRTP的开展和竞赛中也受益匪浅。比如SRTP过程中所需要涉及的光学和数字图像处理相关理论,许多都是基于大一、大二学到的数学、物理和信号处理等基础课,若非有前面的基础,理解一些新知识都是很困难的,更别谈能有什么应用和算法的改进。

毫无疑问,有基础、有静心才有思考,哪怕我们的想法最初并不成熟,甚至可笑,但是请不要因此而放弃思考。记得上顾宁老师的健康信息学研讨课之初,我也是一个只听老师讲不愿意自己去设计问题、去寻找解决之道的学生。慢慢地,逐渐发表自己天马行空的想法,被老师夸赞"对,这个展示就应该是你们组的样子",到最后"你这个想法很有意思,你们以后要是有谁凭借他这个想法赚了钱,别忘记请他吃一顿"。后来大家的思路也都逐渐开阔,课堂上能够学到的东西也就更为丰富了。

从重强记到重理解、多思考,这大概是我从高中到步入大学,在学习习惯和方法上不断完善、不断追求的一点。但正如金庸先生武侠小说中任何高深的武功都离不开深厚的内功心法,在我看来这里的心法也就是静心——那种能够脚踏实地,重基础、不含什么杂念,只为致知的纯粹。

我想,我大二的绩点不断下滑,越花时间反而越凌乱,越是心累越是毫无成就,也是在内功心法上急于求成、走火入魔之故。

■ 无基础不谈竞赛

正如我上面提到的,我的得与失都在"基础"和"静心"两个词汇。在竞赛方面,尤其如此。

大一的时候,我每天中午午睡之前背半小时单词,午睡之后听半小时的Ted,训练听力的同时也开阔了眼界。充分利用英语课的机会练习口语和写作,同时和家乡吴文政基金会理事(美籍华裔)用英文交流,因而在各堂英语课上都能受到老师的夸奖,英语四、六级都超过了600分,全国大学生英语竞赛也荣获全国三等奖。

再说大一的高等数学竞赛,除去情绪低落、总是走神对竞赛结果产生的不良影响,我在竞赛过程中也发现自己对级数和二重积分领会得并不够,也使得我最终止步省二等奖。以赛代练,虽然竞赛结束了,但是竞赛中发现的问题总得解决,我对照着竞赛的练习题,以及零星记得的几道竞赛原题,在课后又研究了一阵子,最后终于想通了工数学习中的很多问题,我想这也是我在期末几乎不刷题的情况下仍然能够满绩的原因吧。

感触最深的当然还是大二接触到的数学建模竞赛。数模校赛的时候我们组选择的是一道优化问题,通过一系列模型假设,最终的模型可以通过动态规划来实现,但是对于不是很擅长编程的我们来说,要实现它是十分艰难的。思前想后,我们联想到了课上提到过的基于图论的0-1整数线性规划,这一问题是我们课上探讨过的,可以较快地借助MATLAB现有函数直接实现,从而大大简化了模型求解的过程。最终,数学建模校赛获得了校一等奖的佳绩,并在全国大学生数学建模竞赛中获得了江苏省一等奖。

反面教材如电设和 Robocup 救援实物组的竞赛的浅尝辄止、毫无成就，究其原因，我想也是基础不足，缺乏核心竞争力所致。

我把这一节的小标题起为"无基础不谈竞赛"，实际上，又何止是竞赛呢？SRTP 是这样，新课程、新知识的学习应用是这样，解决实际问题也是这样，从这一层面上来说，更确切的说法或许应该叫做无基础不谈其他。

■ 爱集体始终如一

我是生物科学与医学工程 2015 级四年制一班的。有一回团日活动正好赶上圣诞节，支书给每个人都准备了礼物。我当时不是班委，但是 21 人的小集体却给我带来了归属感。我想，有这样一个可敬的团支书和一群可爱的同学，是我热衷集体的最初动力。

报名 1 500 米长跑、参与魅力班级评选活动、撰写班徽解说词、迎新晚会出演吕秀才一角、辅导少年生、担任班长……真心感谢大家的支持，这一次次经历算是一贯内向的我的一大提升。从此，周平老师上《思想道德基础与法律修养》课要点我回答问题时都说："秀才，你来说说。"我想，也正是支书和我等班委工作认真、身先士卒的态度，使得 11A151 班级在集体活动的报名中始终不乏踊跃参与、乐于奉献的同学。

这两年当然也少不了我和我舍友的故事。大一时，我们齐心协力，达成校文明宿舍的标准。在文明宿舍最后一轮的加分活动中，我们组建了一个"琴书一纸"小乐队，合奏了一曲 unravel，既获得了加分，也获得了"特色宿舍"称号。在文明宿舍的颁奖典礼上放了我们的视频，还每人获赠宿舍特制扑克牌一副（54 张牌都印着各位舍友静心挑选的黑照）。说起我们的乐队组成，不过一琴、一瓶、一盆、一废纸而已。

成为预备党员之后，我也在常常思考，我和他人、和集体的关系。虽然我乐于助人，但是我比较忙，我自己忙不过来时还要为其他人的事操心的时

候怎么办？"全心全意为人民服务"这几个字我究竟能做到什么程度？我记得初中时我爸给我成绩报告单上的家长评语是"做一个有思想、敢担当的好男儿"。困惑时，我常常拿这句话来勉励自己。这时，也才渐渐意识到，那些在忙碌时总想推脱的想法其实也就是不愿意去担当这份责任，不愿意去承受这份麻烦。但是如果我们咬咬牙，少一些抱怨、扛下来了又能怎样呢？当担当慢慢成了习惯，哦，原来也不过如此。

最终看到我大二辅导的同学顺利通过重修，看到整个班级全部的同学都在较忙的时段一起聚餐的和谐、团结，看到"生医传承图书馆"在九龙湖校区逐渐萌芽，真是高兴。

■ 亦学亦乐亦骑行

我在大一上加入了善渊读书会，围炉、围影，读书、思考、交流，为课余生活提供了很多独特的体验。大一下的时候我又加入了风之声口琴社，总是想象着晚上从外面回去的时候也可以"短笛无腔信口吹"，于是每天坚持十五分钟到二十分钟的练习，现在终于也能够吹一些基本的曲子自娱自乐。大概是看到我的坚持有了收获，在一旁观望的室友也加入了口琴社，我们一起摸索，开始了自己的"音乐生涯"。

大一下之初，基于大家对我的信任，我和班上的几位同学私下组成了一个学习资源、经验交流的小团体，美其名曰"日新学社"，并一起组队在周末自行去参观了2016年4月份的上海医博会，开阔了一下眼界。当我们看到那一周课上顾宁老师刚刚提到的"胶囊内窥镜"的时候，我们感慨颇深，从此对专业的理解就不再是课本上简单的"生物医学"四个字了。由于我们力求将"日新学社"打造成服务班级的组织，所以一旦有新发现，就毫不保留地将我们收集到的资源分享到班组的群里。

我爱骑行，重耐力的培养。大一暑假"怂恿"同学一起环太湖一周。我们在烈日下骑行,跨江浙两省,历时五天,连周边景点在内,全程逾三百千米。或者山间小道蜿蜒曲折,或者苍茫大路横贯天际,或者烈日下大汗淋漓,或者小山里阴凉刺骨,顺风顺水和筋疲力尽在一日之间尽可体会,感触良多。

平时在学校,体育锻炼也始终是我的日常功课。我每天晚上在体育场拉引体向上、做俯卧撑、练习跑步,最终实现了引体向上满两位数的突破,体育成绩也逐年上升,直至满分。我还和几位同学一起参加过5千米的公益迷你马拉松,在绕校一周的跑步过程中既欣赏了东大独特的夜景,有了别样的感触,也为公益贡献了自己的绵薄之力。

倘若有闲暇,我也爱漫步校园,给自己一点独处的时间,看看四季的景,回顾最近的得失,想想未来的路。思考,一如变换的景,永无止境。

这就是我,追求静、爱思考、有责任和担当,重分享,常常喜欢自己摸索,相信"人但有恒,事无不成",同时也深受师长、同学的帮助。总希望自己能做一个行者,得意或者失意,都不能阻挡我迈开步伐,即便我不知道下一步会迈向什么样的境遇。当然,也会稍作停留,想想那些或许无解的困惑与纠结,但也一直在路上。

写到最后,想起母校南菁的"书味亭"上刻着创始人左宗棠的一副对联:"绎志多忘嗟老大,读书有味且从容。"我只希望即便是脚步日渐匆忙,我依然能每一步都走得踏实,每一天都忙得充实。且行且思。

 尉思懿

缪居正同学勤奋踏实,对待学习、工作一丝不苟,取得了优异的成绩。他爱读书,爱运动,爱思考,勇于承担,面对困难迎难而上,希望他继续保持,对自己严格要求,用行动感染身边的同学,争取获得更大的成绩。

生物科学与医学工程学院党委副书记兼副院长、副教授　周　平

LIAO Xiaofei 廖晓菲

■ 个人简介

女，汉族，1997年12月出生，共青团员，吴健雄学院电子信息类强化班2015级学生。曾获恽瑛奖助学金、国家奖学金；2017年江苏省暨全国大学生电子设计竞赛国家级一等奖，东南大学第十一届智能车竞赛校级三等奖等；东南大学"三好学生标兵"荣誉称号。

一路奔跑成就青春

吴健雄学院　廖晓菲

在东南大学学习的两年，是我成长最快的两年。作为一个从未住过校的学生，大学来到陌生的城市，陌生的环境，如何快速适应生活是我面对的第一大难题。两年的时间不长，却让我经历了种种，如今挫败与成就都历历在目。"不积跬步，无以至千里；不积小流，无以成江海。"这句话表述的也正是我的成长过程。一路奔跑，磕磕碰碰，因为我正青春。

自律培养自我

收到东南大学的录取通知书，是我人生新阶段的开始。作为一个来自西部城市的学生，在上大学之前就被告知东部和西部的教育水平不同、西部学生和长三角地区学生有差异，在英语方面的差距更是明显。在父母的鼓励下，我参加了吴健雄学院夏令营选拔，并最终成为吴健雄学院一员。早早听说吴健雄学院的课程安排紧、难度大，同学们更是各个专业的优秀学生，然而刚步入大学的我对新鲜事物充满了好奇，以为及格万岁，不如多参与社团活动，认识来自各地的学生，懒惰随之而来。

第一次工科数学分析期中考试，对我来说就是晴天霹雳，我成了宿舍中成绩最低的学生，平时一起上课的同学成绩一个比一个高，这时我才意识到，大学生活的第一个技能是自律。从这开始，我便规划自己的时间，坚持每天自习，深刻体会到相聚于吴健雄学院的学生都是各专业的优秀学生，而我的基础相对其他学生也有差距，因此我必须付出更多的汗水。期中考试后我下定决心要走逆袭的道路，大一一学年的努力让我成为专业第一名，这样的结果，告诉我没有什么是勤奋与自律做不到的。

■ 拼搏实现自我

大二的课程难度明显加大，除了信号与系统、电磁场与电磁波等专业课程外，占用时间更多的是数字电路与模拟电路实验。我开始花大量的时间在实验上，在宿舍待的时间越来越短，这让我显得有点"不合群"，比起舍友们在宿舍做实验，为了提高效率，我更倾向于去实验室，一个人做实验感觉压力比较大，老师对强化班的同学要求又极高，为此我一度感到无助。一开始坚持独立完成实验几乎占用了我每个周末，好在大二下学期时找到愿意一起去实验室完成实验的同学，在学习过程中相互帮助。合作也使我们的学习效率大幅提高。

大二刚开学时与同学进行交流，在了解到同学们满满的获奖履历后，意识到大一时我只注重学习，在科研和竞赛方面都没有突破，我决定调整学习方式，在学习之余进行竞赛准备。然而课业的沉重使我在竞赛上屡战屡败，让我觉得自己只是一个会学习的人，而不是一个真正有能力的人，不断的失败让我默默流下泪水，常常向父母打电话诉苦。大二下学期我花费了更多的精力在竞赛上，开学初的智能车竞赛，熬夜撑到最后一战，最终获得校级三等奖。快期末时我同时参加数学建模竞赛和电子设计竞赛，由于竞赛时间冲突，我几乎是前半夜做电设，后半夜做数模，一个星期没能好好睡觉。只是最终数学建模竞赛没能获得奖项，电子设计竞赛也只获得了校级优秀奖。这充分说明了做事情一定要专注，不能贪心，否则可能一事无成。

电子设计竞赛的优秀奖对我来说意义非凡，凭借这一奖项，我们组成功晋级暑期国赛培训，整整一个暑假，每天从早到晚待在实验室，练习难度加大后不得不在实验室通宵,然而最终的结果告诉我这一切都是值得的,获得江苏省赛区一等奖后,又在国赛综合测试中脱颖而出,赴西安进行复测,转辗多时,最终获得国家级一等奖。灿烂荣誉的背后,是无数个不眠夜的奋斗。

■ 志愿丰富生活

步入大学的我,总是走一步看一步没有个人的规划。大一开始时的懒惰使我体重飙升,身体素质急剧下降,大一后半学期只顾自习,在社交活动方面明显不足,除了学院的同学基本上没有更多的朋友。开学初我加入了院学生会体育部和学校的一些社团,作为体育部的一员,能够完成部长安排的每项任务,同时作为班级的文体委员能够承担班级与学院体育类活动中的桥梁角色,但在学业压力到来之后我退出了许多社团。这并不是我想要的大学生活,大二开学时感到非常遗憾,为了弥补这些,我加入了唐仲英爱心社,虽然是大二入社,但我和大一的同学搭班工作,积极参与、组织爱心社的各项志愿活动。

在志愿服务部,我负责组织同学们报名参与南京南地铁站的志愿活动,在组织的过程中认识了各个学院、各个年级的学生,参与这项活动也让我快速了解了南京的地铁路线,作为一个外地学生我能够为路人指路,帮他们购买地铁票。志愿服务能够让我感受到自己的个人价值,虽然会占用一定的时间,但带给我的意义是非凡的。在新一届的社团招新活动中我作为面试官,结识到一批热爱志愿的新生,他们一个个都是满腔热情,我仿佛看到了当初想要加入社团的自己。公益的力量是不可估量的。

■ 奔跑逐梦明天

大学的生活完全掌握在自己手中,四年的时间已经过去一半,仍有许多事物是我没有来得及尝试的,而一味沉浸在梦想中只能是止步不前,没有规划的一味付出只会让自己走弯路。主动找导师沟通,拓宽专业领域的认识,发现自己的兴趣所在。踏实的实干派才能成就自我。我将一直在路上,奔跑着前进才能看到比他人更多的高山、流水。

 李 鑫

师长点评

  该生踏实、勤奋,能够处理好学习和个人事务,在学习之余能够积极参加学院、班级组织的活动。有良好的自律性,在大一、大二两年里能够取得优异的成绩,并且将暑假课余时间投入在竞赛活动方面,最终取得的优异成绩是该生努力践行自我的成果。

吴健雄学院党委副书记兼副院长　钟　辉

徐 慧
XU Hui

■ **个人简介**

女,汉族,1996年1月出生,中共预备党员,艺术学院动画专业2014级本科生。曾获校长奖学金、言恭达奖学金;东南大学"三好学生""江苏省优秀学生干部"等荣誉称号。

忠于兴趣,追逐梦想

艺术学院　徐　慧

艺术学院,有这样一位学生:

在老师眼中,沉稳、负责、性格坚毅;

在家长眼中,乖巧、懂事、善解人意;

在同学眼中,坦率、真诚、充满理智又不失趣味。

随和是她的选择;

努力是她的习惯;

热心是她的天性。

随和不是没有个性,而是她选择的处事方式;

努力从未失去方向,兴趣引导着她不断向前;

热心一直没有冷却,奉献的快乐时时萦绕着她。

这,

就是我,

艺术学院2014级动画专业班长,徐慧。

■ 有一分热,发一分光

"服务、奉献"是我中学以来一直奉行的人生理念,2014年9月,虽初入东南,然立下协助老师和服务同学的志向自然不在话下。如我所愿,我很荣幸地获得老师和同学们的认可,竞选成为当时班级的班长。三年多的时间说长不长,说短也不短,但对我而言,收获颇丰、意义非凡。三年多来,我积极组织并参与学生活动,当过演员,做过导演,积攒了许多充满欢声笑语的回忆;一年一度的夜市里,我愿意在繁忙的学业中抽出时间为班级摊位出谋划策,成为颇受欢迎的口金包制作摊位的主要负责人。栖霞山长长的台阶上,有我带领同学们野炊的背影;婺源飞凤峡层层叠叠的山路上,有我从各种角度拍摄同学们欢声笑脸的身影。是的,因为热爱学生工作,我时时刻刻不忘自己是老师和同学沟通的桥梁,始终做到有一分热,发一分光,从不把为他人服务当作一种负担。

为人民服务是中国共产党的根本宗旨,我坚守"为人民服务"这一信条。入学不久我便递交了入党申请书,希望成为一名光荣的中国共产党党员。正是因为我的不计回报、尽职尽责、热心服务大家的行动,使我成了一名预备党员。是的,我把老师和同学们对自己的肯定当作了源源不断的"热源",不断点亮我的生活、贡献我的力量。在我看来,我不一定光芒万丈,然而,每当大家需要我的时候,我都愿意用自己的力量感染周围的每一个人。

■ 兴趣是最好的老师

孔子曰:知之者不如好之者,好之者不如乐之者。当一个人对一件事产生了兴趣,那么,她为此所做的一切努力都将不知疲倦。美术是我从小的兴趣,正是因为兴趣所在,我才成功考入东南大学艺术学院。在兴趣的指引下,我不光有十足的动力,还有明确的目标,并且没有一刻松懈过。

在校三年,我认真对待每一门课程,不仅不满足于完成课内的任务,还积极探索,渴望更加全面和新鲜的知识。动画专业的课程作业很多,可能一节课的作业需要画上百张的稿子,但我对此从来都是积极应对,从不认为这是一个任务,而是把它当作一次兴趣实践,从中得到的是快乐和满满的成就感。记得有一次表演课上,为了表现出人物的情绪,我可以完全不

顾淑女形象，进行超级夸张的表演。虽然让大家忍俊不禁，但是演绎得活灵活现，让人佩服不已。动画专业的课程涉及范围比较广，从编剧到表演，美术到音乐，都必须掌握一定的知识，有了这些积累，才能完成一个出色的作品。在我看来，忙忙碌碌中，时间从来都不是用于焦虑的，而是应合理安排、积极享受。我精益求精，有时一个镜头拍得不够完美，我都要寻遍学校每一个角落，找到合适一隅才罢休；有时，短片节奏掌握得有些不尽如人意，我也从来不怕麻烦，仍然可以以一副乐观的笑脸从头开始慢慢学习和调整。

  大二上半学期，我第一次小组合作制作真人短片，对我而言，这绝对是一次全新的体验。作为挑战，我不畏困难，大胆尝试，主动请缨担任了短片的主要导演和编剧。剧本编写是第一个挑战，想说的故事太多，想表现的风格太繁，想从中取舍是一种只可意会不可言传的煎熬。经过一周非常激烈的小组讨论，否决了一个又一个提案，最终，结合小组成员的擅长点选定了一个有点奇幻色彩的剧本。由于剧本故事性比较弱，所以提升了制作过程中对画面镜头的要求。拍摄过程是另一个挑战，没有经验的我开始只是组织大家进行了简单的分镜拍摄，结果却导致许多拍出的素材构图不好，互相之间的连贯性差。这时的我并没有气馁，而是积极向老师请教，在老师的建议下，我重新和小组成员完善分镜工作，并利用周末休息时间在市区进行了采风拍摄。最后的剪辑和后期环节对我而言更是一个从未接触过的挑战，如何剪辑得恰到好处，如何自然地合上一首节奏轻快的背景音乐，都需要我和小组成员们共同商讨和探索。最终，历时两个月，我们完成了第一次的真人短片《我的世界》。这次新鲜的学习经历使我更明确了自己的兴趣点，培养了我独立思考的能力，也加深了我对合作精神的理解。

  正是因为热爱自己的专业，到大三为止，我获得了多门课程奖，累计绩点也达到了 3.99，在专业内名列前茅。2017 年暑假我没有选择休息，而是成为江苏广播电视总台传媒领跑实习生。在实习期间，我虚心请教实习过程中遇到的问题,抓住机会汲取经验和知识。我的用心、踏实、上进也赢得了同事们高度的肯定和赞扬。

■ 荣誉是一道光

有这样一句歌词:"爱是一道光,如此美妙……"在我眼中,荣誉也是一道光,同样美妙。我一直注重自己的全面发展,严格要求自己,每年都获得校级"三好学生"及以上的荣誉称号。优秀的成绩,认真负责的态度让我在老师和同学中有着良好的口碑,2014—2015学年获言恭达奖学金,2015—2016学年获东南大学校长奖学金,同学年,更有幸获得了"江苏省优秀学生干部"荣誉称号。犹记得去年"中国脊梁,东南担当"的颁奖会上,我和许多同样优秀的获奖同学们排着整齐的队伍,充满自豪地走上焦廷标馆的舞台。大家都穿着笔挺的正装,气宇轩昂,散发着蓬勃的朝气。站在暖黄色的聚光灯下的那一刻,我的内心是无比自豪和激动的。

荣誉并不是我努力的目的,但荣誉就像一道光,照亮我前进的道路。老师的鼓励、学校的认可,都使我对未来每一天的学习生活充满了期待。

■ 玩物不丧志

或许在许多人眼中,看动画、玩游戏称不上什么好的爱好,甚至容易导致个人玩物丧志,但在我看来,合理地安排时间,适度地看动画、玩游戏,不仅可以劳逸结合,提高学习效率,还可以从专业角度出发,汲取颇多营养。我是热爱自己专业的,由于专业设备要求较高,软、硬件更替的成本也比较高,基本的生活费并不能完全满足我学习的要求,小小的自尊心让我没有向父母开口,而是利用奖学金和在校内勤工俭学的收入来支持自己的学业。

总而言之,我性格乐观开朗,责任心强,虚心好学,严以律己、宽以待人。

有同学曾说:"我认为徐慧总能做好每一件事,学习上更是学霸一枚,在我们眼中,她简直堪称完美。"

有老师曾说:"徐慧同学仿佛兰花一样,自带香气,这香气是她对待学习的一丝不苟,对待工作的认真细致,对待生活的乐观开朗,和对待奉献的无怨无悔。"

感谢我的老师和同学们,他们的认可和鼓励是我行走在人生道路上坚实的动力。

荣誉都已是过去式,未来的生活才是最重要的。又一次即将来到人生的岔路口,相信我一定能够毫不犹豫地走上我梦想的道路,不管遇到什么困难都可以像以前一样,用笑脸面对,不断成长。

因为,我始终相信:未来掌握在自己手中。

 田 清

师长点评

徐慧同学是艺术学院动画系 2014 级本科生优秀代表,曾获得东南大学校长奖学金、言恭达奖学金以及"三好学生"荣誉称号等。作为学生,认真踏实地完成各门课程学习任务,成绩名列前茅;作为班长,有效组织各项班级活动,具有良好的沟通和协调能力。总之,徐慧同学是一名综合素质好、全面发展的优秀学生。

艺术学院动画系主任、副教授 孙 菁

王佩瑶
WANG Peiyao

■ 个人简介

女,汉族,1996年12月出生,中共预备党员,东南大学建筑学院建筑学专业2015级学生。曾获江苏省人文社科竞赛优秀奖、东南大学结构创新竞赛二等奖;南京市红十字会系统优秀会员、玄武区红十字会系统优秀会员、成贤街社区特殊贡献志愿者;东南大学"优秀学生干部""优秀团干""三好学生"等荣誉称号。

青年责任，踏实履之

建筑学院　王佩瑶

我时常会思考我们年轻人应该对这个世界保持怎样的期待？是口号式地热爱，是冷漠地批判，还是踏实地做事？

在东大两年多的时间里，我最大的改变便是对世界的看法。大学之前的我，习惯以一种旁观者的姿态，无关痛痒地批判着社会上的种种不足。而现在，当我面对社会的问题与矛盾，我首先会去思考问题应该如何解决以及作为青年学生我能做什么。当我开始试着去承担一个当代青年的责任，坚持脚踏实地地做事，将很多飘在空中的想法付诸实践的时候，我惊讶：原来我们青年学生的力量也可以如此强大！

■ 支部建设：从"小我"到"大我"

作为011153支部的团支书，两年的时间我一共做了6个团日活动，其中4个以优异的成绩通过了"磐石计划"结项答辩。在支部建设中，我一直致力于通过团日活动让支部成员从"小我"里走出来，去关注身边的人和事。

2015年10月，我策划的第一次"磐石计划"《你的城我的梦——南京城中村调研》活动立项成为校级重点项目。正值南京铁北新城规划的末期，我们赶上玄武区最后一个城中村的拆迁。踩点时被认成便衣城管，采访时被当成电视台的记者……调研的开始，我们遇到了很多误解。倾听着那些拆迁背后无处诉说的苦衷，意气风发的我们开始思考作为一个建筑师的责任。那次动容以后，我想我们再也不忍轻易推倒一座房子。

社会之外，我们也关注生态。"清山行"雷锋日主题活动，我们去紫金山捡垃圾。可能有人听到这个活动会哑然失笑：春游就春游，还假装做个志愿活动。其实我想传递给支部成员的是：勿以善小而不为。当我们春游时顺便捡起垃圾，顺便向游客们宣传保护紫金山，我们的关注点便开始从"我"到"环境""社会"。这些转变是微妙的，但影响却可以是巨大的。

就是通过这一个个团日活动，从"小我"到"大我"，充分调动了团支部成员的积极性，我们的责任感也得到慢慢地提升。

■ 社团建设：从"支部"到"社区"

011153 的团日的带动作用并不局限在支部之内。在成为东日计划爱心社的社长之后，我发现学院有些社团因缺乏日常活动而活力不足。我想通过团日活动，去带动社团参与社区建设，让更多人在承担社会责任的过程中实现自身价值。我联系 solid 社团，策划组织混凝土特色课程，活动获得了很好的反响，南京市政府官网对此进行了报道。我仔细地总结了本次实验性活动的经验，提出"团团转"的社区志愿模式——通过共青团带动学校社团进入社区做志愿。这种模式一方面解决了社区流动家庭儿童缺乏兴趣培养的问题，另一方面激励社团承担社会责任，激发社团活力。在这种模式中，团支部承担一个引导作用，而社团的传承性正好与之互补，让活动长久而有生命力地办下去。

■ 自我升华：从"校园"到"社会"

当我在学校和周边社区做活动积累了不少经验之后，我开始尝试向外探索。我希望通过去参加社会上的公益组织，了解更为先进的志愿方式与管理模式，在思维的交流与碰撞中获得更多活动的灵感。

向外求索的过程中，我也做过像中华环保联合会科普宣传志愿者这样的又小又碎的志愿活动。正是这些最琐碎的事情，让我的活动策划能够张弛有度，这样的积累，不可多得。而这些小小的积淀，也成了我申请一些社会公益组织的基础。我加入了南京市红十字会志愿者队伍，还被评选为"南京市红十字会先进个人"。2016年暑假，我赴宁夏固原支教40天。在山里一个多月的支教生活，让我对公益有了新的理解。

2017年2月，我加入CYCAN的MyH$_2$O团队，这是一个由青年人领导的环保组织，我主要参与活动策划。在这里，我看到了更加专业的公益。在这样一群科研大咖中，我自己的调研能力和分析问题的能力也得到了提高。虽然自己是建筑专业，与环境保护关系不是很大，但是这样一种情怀的坚持、思想的碰撞、专业的互补……都是我从未遇见过的。

如何分配任务，如何跟进计划，大到战略方向，小到人员分配，在这里我学到了很多。同时，在参与这些公益组织、履行社会责任的过程中得到的管理能力和创新能力再一次反馈到支部和社团的建设之中。在社团管理方面，大到新社长的领导力培养制度，小到内部的团队建设、绩效考核，这些改变很小，但当我听到社区书记反映，这一年的出勤率远远高于去年，以及大家参与各类活动的积极性高涨的时候，我知道自己的付出是有意义的。

一个时代有一个时代的使命。新文化运动，青年学生们为民族的独立和解放，为祖国的繁荣和富强，前仆后继，勇敢地肩负起青年学生对于国家的伟大使命。面对内忧外患，灾难沉重的旧中国，他们顽强地实现了自己的责任和使命。那我们当代大学生的责任感和使命感在哪里呢？又怎样实现呢？

我觉得去做并且用心做,这一段段经历与体验将内化成我们对世界的热忱与改变世界的原动力。感谢东大给了我如此高的平台,让我有机会成为脚踏实地却又心怀世界的东大人!

 周明阳

师长点评

王佩瑶同学在团支部工作上尽职尽责,很有责任心,带动团支部关注基层、关注社会。她用热情和活力感染着身边的同学。同时,她在志愿工作上表现突出,并将自己的志愿精神传达给整个支部。

建筑学院建筑技术与科学研究所副所长 李永辉

CHEN Jiayuan 陈家媛

■ **个人简介**

女,汉族,1997年6月出生,共青团员,东南大学法学院法学专业2015级本科生。曾获校长奖学金,259991奖助学金,第二届南仲紫荆杯模拟仲裁庭大赛一等奖,第一届华东地区高校法庭辩论赛三等奖,东南大学英语阅读竞赛一等奖;获东南大学"优秀共青团员""优秀学生干部""三好学生"等荣誉称号。

忆模拟法庭辩论赛

法学院　陈家嫒

虽然已经彻底摆脱了备赛的紧张气氛，我依旧会在每天早上五点半时自然地睁开眼睛，不自觉地打开电脑查看比赛日程计划表。无论是看到学院关于"仲裁"的讲座通知，还是坐在火车上，瞟到火车道边的警示线，我都会心有戚戚焉。若在之前，我大概根本不会注意到这些。但当你殚精竭虑、拼尽全力去做一件事情时，它就会成为你生命中挥之不去的一部分，刻在血液中与自己融为一体。从大一到大三，参与南仲紫金杯法庭辩论赛是我付出最多也是获得成长最快的一节"课"，从拿到案子到上庭仅短短三个星期，然而这三个星期确是前所未有的充实和充满斗志。

■ 赛前准备

刚刚拿到案子，我们首先对被告方的证据清单进行分析，总结出"南京南站铁路交通人身损害案件"的基本事实和基本法律关系，随后结合对方的诉讼请求确立了三项答辩的重点：一、受害人应付全部责任；二、被告方已经尽到了充分的安全保障义务；三、社会公共利益的保护。在基本的框架确立时，我们便着手进行法条检索和判例检索。一开始对于找到的一叠一叠的相关案件的判决书，我不知从何处入手，后来就向学长学姐请教了一些经验，将这些案件进行再次筛选，只保留与本案案情更加类似的十几例判决，然后将这些判决的"案件事实""原告诉称""被告诉称"以及"法院认为"提炼出来,形成检索报告,然后吸取其中值得借鉴的法律适用的方法、逻辑说理部分。与此同时,我也根据法律位阶进行相关的法条检索,大到《侵权责任法》小到中国铁路总公司出台的《铁路技术管理规程》《中华人民共和国国家标准铁路车站及枢纽设计规范》等技术规范,将所有本案可能涉及的规定全部列出。

在进行最初步的检索和整理之后,我们每个人将自己对本案的看法和观点进行梳理,紧接着大家开会进行讨论交换各自的意见并且确定了申请人和被申请人的角色分配:我与佳雯、贝贝为被申请人代理人,玉洁、越帆和一凡为申请人代理人。会后,我与佳雯便连夜赶出第一稿的答辩状并让小组成员提出意见再进行修改。同时大家也各自分工,将答辩状中的各个答辩重点扩展形成详细的代理意见,最后由我和佳雯进行修改和汇总。代理意见初稿形成后,我开始制作证据目录,佳雯进行举证质证、询问证人与法庭辩论内容的准备。于开庭前一个星期,大家将稿件汇总,几天熬夜奋战后就暂时告一段落了。

在这个过程中,我与佳雯数次意见不一致:比如说在代理意见的精神损害赔偿认定上我们之间就出现了分歧。在代理意见中,我们为法庭提供两套方案:一是在适用《最高院铁路运输人损解释》第五条的情况下,被告方不承担任何赔偿责任;二是,若适用第六条,由于南京南站尽到了充足的安保义务,被告方最多承担10%的责任。我们在之后附上了原告各项费用的计算。然而在各项费用计算中,佳雯认为不应加入精神损害赔偿,因为被告没有过错;而我的意见是若同意赔偿10%则没有理由排除精神损害赔偿。这是我们两个人争论一个晚上也无法达成共识的地方。于是第二天我们就将小组成员召集在一起进行讨论,最后还是将精神损害赔偿放入了代理意见。也许这只是无关大局的小细节,但是我们在做这次庭审材料的过程中,一次又一次将每一个措辞用语、每一个观点分析仔细斟酌打磨,希望最后呈现出的是我们能做到的最尽善尽美的材料。

■ 开 庭

开庭那天早上,我和佳雯五点半就起床,将各自需要背诵的答辩材料再浏览一次。心情有一点紧张,就好像今天真的要为我的当事人去争取最大化的利益。

尽管庭前我们准备了丰富的材料,但是这一次庭审的表现却并不尽如人意,更多失误的出现,也暴露出我们的问题和不足,评委老师们提的各项建议让我们很是受益:1. 对证人的运用我们准备的确实欠缺。证人能够出庭作证确实是稀缺的资源,应该要着重把握。我与佳雯庭前看了对方的证据清单发现有很多"假证人",于是我们的第一反应就是向法庭提出对方作伪证,这样对方的证人也就没办法用了,但是我们没有想过将对方的伪证人也能够利用起来,通过精细的问题编排使得对方证人的证言有利于我方。结果法庭竟然"帮"着原告认了假证人,这确实让我们措手不及。不过这一个失误确实让我积累了经验,证人在庭上非常重要,而对证人的提问往往是需要我们花大把精力去认真设计的,这是对律师专业性的考验。2. 在庭审环节的把控上,由于没有实务经验,我们也出了一些问题。比如说让代理人在举证环节进行举证。代理人可以就一些事实发表自己的看法和感受,但是涉及法律方面的问题最好还是由律师来进行阐述,不然仲裁员在问问题时很可能就向代理人提问。另外,法庭陈述环节不应过长,简短的重申观点和看法即可。

■ 回 顾

我们曾经在书本中学到了很多理论,可是当我们身为律师的时候才知道分析一个案件并非那样容易。将理论更好地应用于实践无疑是我们本次课程中最大的收获。我和佳雯曾经参加过华东高校法庭辩论赛,也曾自诩"有经验的承包商"(叶树理老师的经典名言),因此在许多准备工作上可能更加顺利一些。然而经过这次庭审,我们才发现自己与真正的实务真是相差甚远！在比赛中习得的仅是皮毛。十分感谢学院能够支持我们参与各项比赛，也感谢各位指导老师在百忙之中为我们进行实务技术指导，让我们在整个训练的过程中不断地发现问题、发现不足。

■ 感　悟

这次的模拟法庭比赛，除了学习到了一些知识外，我还收获了一段美丽的回忆。在这几个星期的时间里，为了准备比赛，我和我的同伴们协同共进，朝着一个目标努力着，流下了共同的汗水；我们也曾为不能达成一致的意见而争论，像孩子一样，有时还会忍不住把吵架的气势拿出来，不管淑女不淑女，和他们争个面红耳赤。现在转过头来想想，总会忍不住地笑笑，有时见了他们还会拿出来取笑一番。这段经历我想我们都会珍藏在心底，偶尔拿出来在阳光下晒晒，品味里面的点点滴滴。

喝过的咖啡、看过的无数个版本的法律文书和五点钟的太阳以及熬过的无数个的夜，充实而亢奋。感谢这些努力，它们永远是我最珍贵的回忆。

 谢京桐

你深刻懂得机会只留给那些有准备的人，自入学以来得到了很好的比赛锻炼机会，也得到了很好的成长。性格沉稳了很多，对人对事能有更平和的心态。希望你今后朝着精益求精、扩大自己的知识面、讲究更有效的学习方法的方向努力，争创更佳成绩。

师长点评

法学院副教授　冯煜清

窦唯靖
DOU Weijing

■ 个人简介

男,汉族,1997年6月出生,中共预备党员,物理系应用物理学专业2015级学生。曾获恽瑛奖学金、陈珩教授教育奖助学金;江苏省运动会高校组男子团体第三名、混合双打第二名、道德风尚运动员、江苏省高校网球积分赛男子团体第一名、江苏省大学生体育竞赛——2016江苏省大学生网球赛男双第一名、江苏省南京市高校网球精英赛团体第一名、"太古杯"江苏省高校团体竞赛团体第二名、东南大学"体育活动优秀奖"、东南大学"课程奖";东南大学"优秀团干""优秀学生干部""三好学生"等荣誉称号。

勇攀凌绝顶　览众山小

物理学院　窦唯靖

安静时，我喜欢翻阅过去拍摄的照片、写过的文字，点点滴滴，记录着我的大学生活。我这一路走来，就像太阳一样，经历过初绽锋芒，走过匆忙与迷惘；有过光芒四射，有过黯淡昏黄，然而最后终于寻觅到内心的宁静与归宿。我也默默地蓄积着力量，期待着再次蓬勃升起，闪耀出前行的无限希望。

■ 晨光破晓　蓬勃朝阳

我对于中学时代的记忆多半是肥大的校服，厚厚的高考试题集，还有挑灯夜战直至晨光熹微。三年来多少日日夜夜埋头于书本间，只为了有朝一日能够昂首踏入这所百年名校，以己之身践行"止于至善"的校训。功夫不负有心人，我终于实现了我的愿望。

初入东南，我便深切感受到何谓"学在东大"，东大浓厚的学术氛围使我心无旁骛地潜心于学海。但大学的学习生活与高中有着一定的差异，初来乍到的我便在高等数学期中考试中失利了。我的导员吉老师也意识到我可能没有适应大学的学习方式，及时地约我谈心。这让我明确了前进的方向，更加有了努力的动力。我在课余时间加大了习题量的练习并主动向学长学姐请教经验，终于在期末考试中取得了不错的进步。通过不懈的努力，我的学年成绩终于排在了专业前三名，在大一学年我也收获了人生中第一份奖学金。

作为团支部书记，从发表新生入学感想，到军训时用微信推送记录每一次重要的时刻；从为"东大物院"写一首藏头诗，到举办每一次团日活动；从完成辅导员布置的各项任务，到协助班长、科协、职协组织一场又一场的院系活动。我付出了很多，也收获了很多。

还记得我第一次组织的团日活动是组织团支部参观侵华日军南京大屠杀遇难同胞纪念馆。在那里我们勿忘国耻，缅怀同胞。之后我又同班长一起组织了"助力环保"环保措施征集活动，面向全学院，逐个宿舍地征集同学们的创意，甚至还征集到了宿管阿姨们的建议。建议被写满一个白板。在即将跨年之际，我们举办了"包饺子齐守岁"活动，让在外求学的我们感受到了家一般的温暖。我还协助物理学院党支部举办了一年一届的"模拟两会"活动，协助物理学院自强联盟举办"你渴望力量吗？"书籍传递活动，将学长学姐的笔记和思考传承下去，给予更多的人以启迪。

这一年里我参与组织的最重大的活动是物理学院"纪念澳门回归"主题活动，这次活动是面向全校的大型活动，为了办好这次活动，我们设立了专项小组，大家分工合作，团结共助。除了参与策划之外，我还参与了财务组的任务，负责整个活动的物资采购以及经费管理。活动前连续三晚我们在附楼开会，多向比较各种物品，确定最终的结果。活动当天，寒风凛冽，但我们的热情丝毫不减，我们认真地向前来参与活动的同学讲解知识，组织他们进行相关的游戏活动，即便有些辛劳，但我们乐在其中。活动前的每一份努力、每一份思索、每一次讨论都在活动圆满结束的那一刻得以回报，这让我真切地感受到所有的付出都会有收获。荣幸的是我被评为东南大学"优秀团干部""优秀学生干部"，这是对我的努力给予的极大肯定，也是激励我继续努力的动力。

在充实的学习生活之余，我更有意于在东南大学丰富深刻的精神文化生活。大一刚进校，绚烂的焦标舞台，喧闹的百团大战，丰富的人文讲座及选修课，对于每一位像我一样的新生都极具吸引力，让我们迫不及待地想要

加入这绚丽多姿的大学生活。褪去曾经的懵懂青涩,我不愿错过每一个锤炼自己的机会。在院学生会与大伙一起准备节目,圆报楼的灯光亮起,掌声热烈如潮。在网球协会,我加入了技术部,尽自己所能教授前来学习的同学网球知识和本领,希望通过自己的努力为周围的人带来帮助。

站在大一尾声回望过去喧闹的一年,无数美好的回忆中也有惆怅黯淡、迷惑茫然。我渐渐意识到自己精力和能力的有限,好在身边的伙伴们倾心相助,彼此扶持使我获益良多。于是我开始反思自己擅长什么,不适合什么。我努力摒弃焦虑与浮躁,找准自己前进的方向,要走出属于自己的"东南之路"。

■ 骄阳如火　激情四射

大二以后,由于早早确定了继续读研的计划,专业课程难度也逐渐加深,我便将更多精力放在专业学习上。学习是一个不安、惊喜与希冀相互交织的充实过程,道阻且长。由于专业课程真的是有一定的难度,加上课程的繁重,难免有时会让人找不到前进的方向。为了解决当下的困难,除了上课更加认真听讲,课后认真完成老师布置的作业之外,我主动向学长请教解题的思路和方法。通过这种方式加上自己的理解,我的思维得到了拓展,变得更加灵活,最终在大二学年取得了专业第二名的好成绩,获得了"陈珩教授教育奖学金"。

从大一一路走来的坚守与陪伴,大二学年我成功当选网球协会技术部部长,秉承着"我向网,我追球"的宗旨,很荣幸自己能为更多的同学朋友贡献一份力量。作为社团的负责人,从与外界的联络与合作,到传统比赛新生杯、院系杯的筹划组织,冲突危机的处理,再到社团凝聚力与成员积极性的提高,我学到了许多管理团队的艺术。在网球协会的影响力逐渐壮大,认可度逐渐提升的同时,我的工作得到了大家的肯定。

"三好学生"于我来说,旨在"德智体"全面发展,将自己长处发挥到极致。当然这中间少不了汗水甚至泪水，个中滋味，只有自己知道。训练比赛占据了很大一部分自主的时间，身边许多朋友也常常规劝我不必过于认真，学习才是真正重要的。但我始终认为，学习不是生活的全部，作为"三好学生"对自己的要求当更加严格，全面发展才是正解。在每个时期都有每个时期更重要的任务需要完成，秉承着这个思想，学习和打球时间冲突的问题也就迎刃而解。

在校队的第二年，我认真参加训练，努力提高自己的各项水平。在其他人享受假期轻松与闲适的同时，我们还坚守在校园里，奋斗在球场上，决战于赛场中，不论寒暑，不舍昼夜。大赛前的暑假，我提前一个月就回到学校，参加集训。每天早上 7—10 点，下午 3—6 点都能在球场上看到我的身影。由于我不是专业的运动员，面临赛程紧、项目多的严峻挑战，我必须加强体能训练，早上长跑，下午提高技术，一个多月的集训，就这么不知不觉地熬过了。比赛在南京大学举行，等到了赛场，我才发现南京大学的场地竟然如此恶劣。由于赛程安排得很紧，我们要从早上 8 点一直比赛到晚上 11 点多，可怕的是，南京大学球场只在场地两边侧有灯，也就是说，球场中部是看不见球的。就算如此，我们也丝毫不畏惧，认真地把握每一分，终于取得了男子团体第三名，混合双打第二名的好成绩。此外，我还获得了江苏省高校网球积分赛男子团体第一名、江苏省南京市高校网球精英赛团体第一名等十余项好成绩。这些成绩的取得离不开教练的指导、队友的帮助与鼓励，两年的相处，一起训练，一起比赛，一起为了荣誉奋斗。也许我们来自不同的地方，但现在我们有了共同归属——东南大学。

对我来说，网球已经不只是一项运动，无论打球还是生活，都是一个人的修炼，愿你我在旅程里都能坚强，纵使独自上场，也能无所惧怕。

■ **情定东南　脚踏实地**

大学生活悄然间已经来到第三年，在两年来的学习与实践中，我已经习惯了将自己与东南大学融为一体,情定东南,荣辱与共。每当新闻中,报纸上,哪怕是一篇微信推送中提及东南大学那傲人的成绩,心中因自己是东大人的那份自豪感与归属感便油然而生,随即化为激励我努力前行的动力。

两年来我也一直在思索身为东大学子,我们的使命究竟是什么?多少个日日夜夜,我们埋头于书案边,奋战在教室里,苦读与图书馆中,坚守在实验室里。难道就只是为了得到一个令所有人都羡慕的成绩,还是为了什么更深远的意义?

面对江海,该有别样的情怀。我渐渐明白,我们一直前进究竟是为了什么。每一位刻苦奋进的学子,肩负着大大小小的使命,承载着许许多多的期望,秉持为天地立命的信念,胸怀的应当是天下。我们应利用自己的所知所学,为我们这个世界上的人们谋求福祉,身体力行,贡献光热,散发光芒。

"会当凌绝顶,一览众山小。"

指导老师　吉　鑫

窦唯靖同学待人友善,勤奋正直,学业优秀,平时积极参与组织院系和班级活动,具有很强的沟通和领导能力,在文体活动特别是网球方面技能尤其突出,多次代表学校参加省级比赛并获奖!是一名综合素质高,师生口碑好的好学生。

物理系党委副书记兼副系主任　潘勇涛

史科 SHI Ke

■ 个人简介

女，汉族，1996年5月出生，是一名光荣的中共预备党员，2014年8月考入东南大学交通学院，现任交通工程茅以升班班长。曾获得中交路桥建设奖学金、全国交通科技大赛一等奖与江苏省交通科技大赛二等奖；东南大学"优秀团干""三好学生"等荣誉称号。

恰同学少年　风华正茂

交通学院　史　科

时光如箭日月如梭，不知不觉我已经是一名大三学子了，回顾在东南大学交通学院的三年，一步一个脚印，谈不上轰轰烈烈，只能说起起伏伏。毛主席说："恰同学少年，风华正茂；书生意气，挥斥方遒。"这是我想活出的大学模样，我也一直在为之努力，并且在学习、公益实践、学生工作、学生活动都做出了一定的成绩。

■ 学习科研——志固因而不倦，不倦以为广学

自大二进入交通工程茅以升班以来，整个一学年我都状态不佳，导致大二时的成绩一落千丈。在大二学期结束的时候，我反思了大二学年的失败之处，首先我本身并不算一个非常自觉、十分刻苦的人，以压线的成绩进入茅以升班之后，优秀的同班同学们给了我巨大的压力，使我在学习上手忙脚乱，却反而更为自卑怠慢。但是痛定思痛，我开始调整心态，化压力为动力，和身边优秀的同学学习并赛跑。

大三一年，只要一有时间，我就去教学楼自习。一遍遍地复习功课，将老师的讲义与教学书仔细研读，直到烂熟于心；一次次地修改作业，争取将每一份作业都打磨到极致，将学到的知识活学活用。一年的学习过程中，不免会有

懈怠的时候，不免会有付出与回报不成正比的时候，不免会有失败迷茫的时候，但是我一直暗暗在心底给自己鼓劲，逼着自己向优秀的同班同学学习，逼着自己咬咬牙再坚持一把，逼着自己一定要把每一个知识点学到精通、把每一份作业做到最好。一年下来，我大三学年获得三门课程奖，以总绩点3.988，总平均分90.24，专业排名第五的成绩成功保研到东南大学交通学院。

大三另一件值得一提的事，是我在科研方面力争上游，取得了全国交通科技大赛的一等奖。我们组的项目是"基于航模拍摄视频的交叉口交通冲突提取与评价技术"。这一项目刚开始并不被老师们看好，因为无人机的研究已经不再是热门，视频提取技术也早就不再新鲜。但是我们小组没有放弃，全组同学团结一致最终取得了令人满意的结果。我在这一项目中主要负责交通冲突提取之后的数据分析与原因挖掘，每次给老师提交文档都被老师批的面目全非：数据分析太简单、原因挖掘太浅显、数据与原因不匹配等等。我只能一一记下需要修改的地方，对着一篇文稿翻来覆去地修改，有时候一改就改到了凌晨。除了论文撰写以外，前期的数据采集、后期的材料整理、展示视频与PPT制作，我也一直全程参与，尽量把所有我的任务都尽善尽美地完成，同时能帮助其他组员时尽量帮助其他组员。一年坚持不懈的努力，我们的科研项目成功获得了全国交通科技大赛一等奖、江苏省交通科技大赛二等奖的成绩。

晋代葛洪在《抱朴子·崇教》中写到"学之广在于不倦，不倦在于固志"。大三一年，我一直坚定地朝着自己最初定下的目标前进，专业知识学习和科研竞赛都不轻言放弃，才能在这一站的终点收获比我预料之中好得多的结果。

■ 公益实践——鸿鹄羽翼已就　感恩之心常怀

大二刚进茅以升班的时候，我初次接触了志愿服务活动：迎接新生。当时为期两天的迎新志愿者活动，让我尝到了大二学姐的派头，也尝到了帮助学弟学妹们的甜头。于是我开始不断尝试着，在自己生活中尚有余力的时候，去做一些帮助他人的志愿活动。遗憾的是大二因为学业繁重、状态不佳，我并没有找到很多志愿服务的机会。

直到大三，我成为了大一 A5 班的班指导。至今还记得在桃五六西辅楼迎接他们报到时第一次见面的兴奋，在教室给大一同学们开第一次班会时的紧张。也还记得在期中考试前劝勉他们要好好学习；在他们遇到学习和生活的困难时与他们共同分担；在他们取得好成绩或者获得成功时与他们分享喜悦。大三一年我和 A5 班的同学们一起学习，共同进步，结下了深厚的友谊。我自己也从志愿服务中培养了耐心与恒心，收获了成长与感动。

大三下半学期，我报名东南大学交通学院的"向阳花相伴成长爱心助学实践活动"二期之"春泥·梦田计划"，并顺利通过了面试。大三暑假的七月中旬，我和一群满怀理想与爱心的小伙伴一起，共同踏上去云南的火车，奔赴易门县铜厂乡。"春泥·梦田计划"的扶助对象是云南彝族的 30 位品学兼优、家庭困难的留守女童，我们爱心实践团一行人的目的，是去和女童们同吃同住同劳动，了解她们的生活现状，把爱传递给她们，并且在她们的脑海里埋下反哺社会思想的种子。我在此次活动中承担着宣传的任务，除了认真参与白天和晚上的精彩活动之外，在活动结束之后还需整理当天活动的素材、照片、视频；配合指导老师确定当天微信推送的主题；审核微信推送的文稿；并且力争当天晚上就能推出白天的活动内容，以确保时效性。那一周的时间过得很辛苦，但是我没有想过放弃，也没有想过放松一点要求。和我一样，所有的老师们同学们都没有抱怨过一句，一心只想着利用好这一周的时间，尽心尽力地帮助这一群可爱的女孩们。我除了想着在此时此刻要带她们认识外面的世界,给他们带来一些改变,更想着要通过微信、微博的宣传,把孩子们的情况传播给社会,扩大活动的影响力,带动更多的人来帮助他们。

直到现在,我仍然和云南的妹妹们保持着联系,时不时地帮她们解决生活和学习中的困难。这段经历让我成长了,让我触摸到了另一个不一样的世界,更让我结交了一群善良、可爱、坚强、上进的姑娘们,她们教会了我如何在逆境中顽强拼搏,教会了我感恩社会、感谢生命。

■ 学生工作——敢为人先　砥砺前行

大三初始,当班长的机会从天而降,我犹豫再三,最终决定"临危受命"。大三一年的班长生活,回想起来真是"兵荒马乱",从团日活动到班级聚会;从上课点名到收发作业;从填写申报材料到各类评奖评优,大事儿没做成多少,小活儿却天天不断,给自己一个中肯的评价,算是"没有功劳,只有苦劳"吧。回想起这一年里,印象最深刻的是准备竞选国旗团支部的那一个月。我和几位同学每天修改PPT;深夜逐字逐句讨论讲稿;时间精确到用秒来剪辑视频。明明大家都很困倦还讲着笑话互相打气,现在想想真是"革命般"的友谊。另外,作为班长,我还要发动所有同学一起拍班级合照与宣传视频;组织每一个人分工准备竞选材料;号召茅以升班同学们穿着班服一起站上宣讲舞台。班里的每一位同学都十分配合,我也和团支书一起争取带领着全班同学把每一个环节都做到最好。非常遗憾的是,最后的答辩结果是我们以第二名的成绩获得了"东南大学国旗团支部提名",以微小的差距惜败给另一个非常优秀的班集体。但是经过了长时间的努力,结果并不代表什么,我更看重的是所有同学在我的带领下拧成一股绳,共同向同一个目标努力的过程。

我十分感谢当初的自己，义无反顾地选择了茅以升班，义无反顾地担任了茅以升班的班长。这一年里，我不仅锻炼了自己的时间管理与团队管理的能力，深刻地理解了"忠诚、勤学、奉献、博彩"的班魂，更深切地结交了茅以升班的每一位优秀的同学。

社团活动——风华正茂　青春飞扬

我热爱交通学院，原因有很多，其中之一便是JOIN艺术团。

大一刚开始，我便加入了JOIN舞蹈团，从此奔走于交院举办的大大小小无数活动，流连于焦廷标馆、大学生活动中心、李文正图书馆前的露天舞台。

大三我参与了交通学院第十届激情四射露天舞会，并表演了一支舞蹈——摩呼罗迦。在准备的两个月时间里，我和搭档每周固定排练两次，每次两个小时，平时只要有空就去舞房加练。为了能完美地呈现这支舞蹈的动作与姿态，我们两个人把动作细致到每一个神态和手势，精致到每一个定格。当时我同时还忙碌于茅以升班国旗团支部的竞选，我的搭档也奔波在JOIN艺术团处理事务，但是我们从不言弃，甚至在这一过程中培养了深厚的友谊。最终，这支舞在激情四射的舞台上大获成功，广受好评。

我一直很欣赏我的搭档跟我说过的一句话："每一个不曾起舞的日子，都是对青春的辜负。"这句话告诉我，我是一个充满朝气的大学生，我要做的不只是学习与工作，更应该培养兴趣，享受青春，活得肆意张扬。

回想起刚进大学时，我也曾因为不适应大学的教学方法和生活状态，经历了很长一段时间的低迷期，内心迷茫而无助。但是为了能进入茅以升班，我迅速调整了状态，通过大一学年坚持不懈的努力最后我成功进入了茅以升班。大二学年，我在茅以升班这个优秀的班集体中挣扎着前进，虽然痛苦过,但是也收获了很多学习经验与知心朋友。大三学年,我开始摸索着掌握自己的大学生活,正如毛主席所说"恰同学少年,风华正茂;书生意气,挥斥方遒"。我希望我的大学生活变得更为丰富多彩,而不是勉强过日子。所以我开始主动参与学生工作、学生活动、公益实践活动。

回顾大学三年,我努力过,也放弃过;有过很多收获,也经历过不少失败。我没有底气说这三年的时光每一天都十分快乐,但是我能自信地说:大学的每一天,我都活得十分充实,非常精彩。

指导老师 蒋永茂、郑 思

师长点评

史科同学学习认真,敢于创新,专业理论扎实,积极参与科研与学科竞赛。作为班长在班级建设中肯吃苦,善于组织活动。待人和善,热情开朗。多才多艺,乐于参加学院活动并贡献自己的力量。

交通学院交通工程研究所副所长、教授 王 昊

钟宁桐
ZHONG Ningtong

■ 个人简介

女,畲族,1997年1月出生,共青团员,东南大学经济管理学院2015级会计专业学生。曾获国家奖学金;2017年"互联网+"大学生创新创业大赛全国季军、江苏省一等奖,2017年全国大学生英语能力竞赛三等奖;东南大学"优秀团员""三好学生"。

坚持这件小事

经济管理学院　钟宁桐

很多时候,我们会羡慕别人,羡慕他的成绩,羡慕他的特长,羡慕他的奖项,却很少去关注他背后付出的努力,就算知道了他一路走来的艰辛也只是以旁观者的身份感慨一句:好辛苦! 其实,很多事情不是一蹴而就的,繁花盛开的背后一定有着长时间的积累。要知道,我们不是不能走到终点,可惜的是提前退出了。荆棘之路上,坚持尤为重要。

■ 山那么高,一定有顶点

9月份,历时6个多月的"互联网+"大学生创新创业大赛落下了帷幕,回头去看这6个月的历程,一步一个脚印的日子历历在目。校赛开始时,公司已经运营了一段时间,虽然公司的创始人对公司的未来有着一定的规划,但是如何编写项目书,将它完整、没有偏差地用文字表达出来是一个很大的问题,然而我们对商业计划这方面的知识几乎为零。为了撰写第一份商业计划书,每次和老师交流后,我都是带着满满的笔记,回去和组员们交流讨论;为了获取更多的材料素材,周末我们都要坐两个小时的车去公司,了解最新的发展动态;组员间分工合作,各负责一个模块,同时要兼顾别的模块,避免整体逻辑错误。每次小组讨论都经历艰难的五六个小时,产品的描述、市场的定位、盈利模式的确定、战略的规划再到财务的分析,每个模块都要充分考虑其可行性和逻辑性,要符合市场需求。校赛前,终于将商业计划书交给了指导老师,然而老师当头"一盆冷水",提出了很多的修改意见,我们意识到做得远远不够,只好一遍又一遍地打磨商业计划书。渐渐地,老师给的批评也越来越少。校赛刚通过不久,并没有得到喘息的机会,我们马上又投入了省赛的准备。有些成员因为准备期末考等种种原因退出了比赛,我也一度想离开,面临着巨大的心理压力,是坚持还是离开?放纵自己是最大的失败,最终我决定边准备期末考,为省赛做准备。由于距上次的计划书初稿已经过了一段时间,公司迅速发展,财务分析数据都发生巨大变化,只能重新编制报表,再不断修改,日子像一个陀螺,不停旋转。

转眼 7 月份,暑假开始,我们也迎来了好消息:我们进入了省赛决赛。决赛采用的是现场展示的形式,我们需要为此准备 PPT。做 PPT 花费了很多工夫,整体的逻辑、内容的提炼、布局的美观,每一个方面都需要大把的时间来自习研究。7 月份的南京,天气火热,人也容易暴躁,效率不高,小组成员之间出现摩擦。然而通过真诚沟通,大家敞开心扉,团队终于达成统一。决赛那天,天特别的热,阳光直晒当头,在决赛现场来来回回地准备,白衬衫都已经湿透了。然而,努力终有回报:我们以江苏省第一的成绩进入国赛。

整个 8 月份是在国赛的准备过程中度过的。由于国赛的标准更高,对材料也有更高的要求,财务分析等板块需要再一次编写,我只能一边自学一边请教老师,时常因为做得不够好而抓狂。在这种时候,我不断给自己打气,安慰自己不要气馁。终于,我们进入了国赛决赛,很荣幸和另外两位同学代表团队去西安参加决赛。决赛的 4 天日程排得十分紧密。第一天,坐了将近 8 个小时的车后,成功办理入住西安。当时已是晚上 7 点,我们没有吃晚饭,而是直接去了西安电子科技大学进行赛前的准备。一切结束已经是晚上的 11 点了,我们草草地吃了饭上床休息,可在床上却辗转反侧。第二天,决赛的第一轮初赛,经过一番激烈角逐,我们进入了下一轮的比赛。由于下一轮的比赛是在上千人的体育馆中进行的,我们需要进行一次预演,彩排直到凌晨 1 点才结束,这一天只吃了一顿饭。第三天,经过了最后两场的比拼,我们进入了前四名,拿到了季军的好成绩。最后一天,我们参加颁奖典礼的彩排,直到凌晨 2 点结束,这一天我们忙得连吃饭的时间都没有。虽然这几天很忙碌,但是在最后一天站上台领奖,看着台下的欢呼,我激动得流下眼泪,前面的付出真的很值得。

在"互联网+"之路的指引下,我深深地体会到大学生作为创新创业的生力军,参与创业并不仅仅是为了个人的梦想,更多的是将国家使命与民族情怀扛在肩上,将创新创业精神融入到血液中和骨子里。6 个月的时光十分难忘,有过纠结,有过迷茫,有过争吵,但更多的还是美好的回忆。谢谢一路相伴的老师和小伙伴,也感谢自己在低谷的时候能够坚持下来,才会收获满满。

■ 路那么长,你有我的陪伴

大二的时候,我在南京市第一医院做了一年的志愿者——关爱患病儿童。周六的下午,拿着拼图、彩笔、积木去到儿科住院部的儿童游乐室里陪那些小朋友玩是一段很难忘的时光。这里的小朋友大多都是患了严重的感冒、发烧需要住院,在充斥着消毒水味道的医院里没有什么娱乐设施,小朋友待久了十分无聊。志愿者的到来给小朋友们带来许多快乐,我陪着小朋友们拼拼图,教他们画画,和他们一起搭积木,在他们从滑梯上滑下来的时候保护他们,看着他们天真的笑脸,自己也很开心。一年里,在游乐室里总能听到他们开心的笑声,那么有活力,傍晚的时候,余晖从窗子里斜射进来,照在一张张笑脸上,真美好。志愿者们的存在也能让家长们休息一下。我在陪小朋友玩的时候,家长们会在旁边的沙发上小憩一下,这是他们对我们的信任,放心把孩子交给我们,想到这里我就会觉得很暖心。

和小朋友在一起玩的时光总是过得很快,我也从他们身上学到很多,他们的天真、善良、活力、乐观也在不断感染着我。我还记得有一个小姑娘一见到我就冲上来抱住我,对我说:姐姐,姐姐,你怎么才来,我很想你的。我心里的弦突然动了一下,觉得自己的陪伴是很值得的。每个人都可以付出爱心,但是长期的坚持却很难。周末会有一些别的事情,或者因为天气恶劣不想出门,这些因

素都会影响我们坚持下去的决心。但是坚持下来了以后,我觉得自己的付出是值得的,并且还想陪这些可爱的小朋友们走很久很久。

■ 未来那么长,一切都可期

我坚持的事情还有很多很多,比如学习,我始终相信"活到老学到老"的不断提升,不断寻找学习的机会,不仅仅是学习课本上的知识,而且是深入到生活的方方面面去学习。我坚持每天写半个小时的字,不管多忙,无论寒暑;我坚持每个星期读一本书;我坚持积极参加各种活动与比赛,不管结果如何,都能有所锻炼;我坚持课外研学项目的开展,并书写论文《快递企业创业失败中典型商业模式缺陷的研究》;我坚持用相机留下珍贵的瞬间;我坚持去看许多不同的风景。

很多事情也许坚持了不一定有结果,但是不坚持就看不到结果。等到坚持下来了,我发现令人开心的不是最后的结果,而是坚持过程中,那些心灵上得到的升华,那些美好感情的收获,那些知识技能的获得,都让我在一次又一次的旅途中不断成长,就连当初摔过的跤,如今回想起来也会微微一笑,觉得是一次难能可贵的经历。当然,我的路还有很长,我相信一步一个脚印,坚持着不放弃,未来一切可期。

 周宇

> 钟宁桐同学学习勤奋、刻苦,成绩优秀,具有创新精神。积极参加学校组织的创新创业活动,并在其中发挥重要的作用,得到了锻炼,也为东大赢得了荣誉。
>
> 经济管理学院副教授　陈菊花

师长点评

孙 铭
SUN Ming

■ **个人简介**

男，汉族，1998年5月出生，共青团员，东南大学机械工程学院工业工程专业2016级学生。现任东南大学机械工程学院学生会外联部部长以及班级学习委员职务；曾获2016—2017学年东南大学三好学生、2016—2017学年国家奖学金获奖学生。

山

机械工程学院 孙 铭

"在不停地翻过无数座山后／在一次次地战胜失望之后／你终会攀上这样一座山顶／而在这座山的那边,就是海呀／是一个全新的世界／在一瞬间照亮你的眼睛……"

——王家新《在山的那边》

身边的群山将我包围,压抑的令人喘不过气来,我讨厌一成不变,讨厌在幽闭的"山坳"里的日复一日。我不断攀登,不论失望多少次,我知道,海啊,会在一瞬间照亮我的眼睛的海啊,就在山的那边!

■ 童年:大山里的孩子

大别山脉尾,重峦叠嶂,绿水青山,祖父母的家就安在半山腰,我也在这样天然的环境里陪他们"天然"地度过了我的几乎整个童年。没有背不完的百家姓和《唐诗三百首》,没有上不完的早教班,只有玩不够的捕河虾,耍不尽的玻璃球。大山坳里的我,是真真切切被山包围了,可是那时的我是快乐的,是不自知的,一个没有吃过蛋糕的人从不去想象蛋糕的美味。

■ 小学和初中：迈出重山又见山

大山里的孩子走出了大山。当我笑嘻嘻地通过村里唯一的电话告知县城里的父母，我的数学考了三十分的时候，他们决定不论再困难也得把我接到他们身边，去城里上学，我的人生轨迹也在此刻发生改变。

随着车辆的飞驰，山渐渐在我身后隐去，映入眼帘的是宽敞的水泥路，整齐美观的楼房，热闹的商店。是啊，山消失了，我开心地想。在母亲的影响和教育下，我渐渐改正了自由散漫的不良习惯，取而代之的是爱阅读、爱运动，成了在学习和生活各方面都比较优秀的人。父母在家庭方面的一些举动也潜移默化地教育着我，例如，每周末他们都会带我去同住在县城的祖父母家陪祖父母吃吃饭、说说话；父亲更是饱含责任心，经常帮助一个大家庭的兄弟姐妹。

也许是广泛的阅读扩展了我的视野，也许是出于一个优秀的人对竞争的敏感，初中的时候，我感觉"山"又在慢慢将我包围。当我成为班上的第一名时，我在想一个年级的班级数；当我成为学校的第一名时，我在想这个县城的初中数目；进一步地，我想到整个中国县城的数目，查证发现，有两千余个，惊得我一身冷汗。

如果说上述的胡思乱想让我感到紧迫，那些发生在身边的事情更让我觉得压抑。某一天，我的自行车被人用钉子扎爆了……当我推着爆了胎的车在烈阳似火、人数寥寥无几的大街上行走，我想起了车棚里接连失窃的车、道路两旁随处可见的垃圾以及种种不讲理的人、不合道理的事，这些与我在书中学到的仁义礼智信的准则、兼济天下的理想产生冲突而不断地敲打着我还不够成熟的心，让人感到眩晕。"我要离开这里，我要翻过这座山"，我喃喃自语道。我下定决心，以全省最好的高中合肥一中为目标暗暗努力。

可生活总是这样充满戏剧性，在我信心满满迎接着即将到来的中考时，父亲突然消失了。"去上海检查啦,没什么大事,很快就能回来。"妈妈只和我说这么多,然后岔开话题。一个星期后,我没等到父亲的归来,却是母亲也远赴上海,我被寄住在姑姑家,在距离中考只有两个月的紧要关头。我很不解与震撼,却没有太多时间去悲伤或琢磨。优秀的惯性与对自己的高要求驱使着我不停向前,将思念与担忧压在心底。

在我中考前一周,父母回来了,疲倦的笑容,我、父亲、母亲都是。尽管化疗后父亲的身体极其虚弱,但他还是坚持送我去考场,仿佛什么都没有发生,但我清醒地意识到一切正在发生。

中考结束后几天,父母便再次赶往上海,而我回到童年的山坳里陪祖父母住了一段时间,等待着一些结果。几周后,中考成绩公布,全县第一,最使我高兴的是我觉得这个消息会使在上海的父亲和母亲高兴。在某个中午我对自己说的"离开这里"的目标已经达成,但我却感觉新的群山正在慢慢将我包围。

那个没有作业,在想象中悠闲惬意的暑假里我哪都没去,只是窝在家里看书,看了很多获得茅盾文学奖的作品,《尘埃落定》《芙蓉镇》等等,翻阅最多的当属那几本《平凡的世界》了。而父母也是在上海与家之间来来回回,而回来的日子里,也总是在寻医问药,尝试各类偏方。也许在那时,现代医学已经无计可施了吧,但我们每个人都心照不宣地尝试,期待不可能中的可能。

很快,我面临着改变人生轨迹的第二次抉择——去哪上学?我的成绩使我可以选择省内任何一所高中,于是,欠考虑的,我表达了去省内最好的高中——合肥一中的想法。但我忽略了这个家的现状所能承受的范围。最终,折中选择了离家较近的,实力也很强的市一中,安庆市第一中学就读。现在回顾当初,只觉得自己是一个自私的人,在家庭如此困难的时候执意外出就读,而不是在县里多陪陪父亲,为母亲分忧。

■ 高中：山重水复疑无路

　　一个人，手忙脚乱的寝室生活，陌生的环境，基础比我好、见识比我广的市里的同学以及理科实验班独特的教学方式，让我一直处在难于应付的状态。更直接的体现是屡屡不及格的考试成绩以及靠后的排名。另一方面，家里的情况也很不明朗，父母只是说他们很好，别无他言。这种难受的状态终于在高一上学期末达到令人崩溃的顶点——父亲去世了。我周围的山更多了，将我团团包围。之后高二伊始母亲来到我读书的城市安庆，一条山路才慢慢开辟。期间有老师的开导与关怀，有同学的帮助与关心，我非常感谢他们；最重要的，是我和母亲之间的相互理解、支持、鼓励与照顾，这些感激无法言尽的，是促使我不断进步的强大动力。我积极参与了生物、物理、数学和化学的竞赛培训，并获得了化学竞赛省级二等奖，数学联赛省级三等奖，以及一些市级奖项。

■ 山路漫漫，上下求索

　　转眼大学生活已经过了一年，过去的一些事也慢慢弥散着最初的那般痛感。从入学那刻起，我就提醒自己要折腾、要改变，在各个方面都要有突破和改变。学习方面，大一上学期绩点 3.888（3/22）；大一整个学年绩点 3.688（2/19）。社会实践方面和社团活动方面，我也在努力翻越那胆怯、内向的大山，寒假参加了回访母校社会实践活动，且所在实践小组获得三等奖；暑假又在辅导机构兼职一个月，在感受传道授业的辛苦之时各方面能力也得到提升；大一时本着跳出自己舒适的小圈子的目的，先后加入了模联协会和学生创业协会，并主导策划了创协"沙场点兵"活动的决赛部分；现任机械工程学院外联部部长，同时担任着班级的学习委员，积极参与班级活动，并在学习方面做出表率并辅导其他同学。

生活方面我也不敢落下，寝室卫生平均得分95分，且所处寝室为校文明寝室。思想上，热爱社会主义祖国，拥护党的路线，已是入党发展对象。大一整个学年的努力最终获得东南大学"三好学生"荣誉称号和国家奖学金。

但山路漫漫，我所能做的是在大二的起点上继续求索。

群山无数，可是只要不断翻越，令人耀眼的海总会出现在眼前。

 滕 琳

孙铭同学用实际行动证明了他在不断跨越高山，从童年地理意义上的山到家庭变故心理层面的山，他不断接受帮助又不断用自己的实际成绩来感恩。希望在未来的生活中，他能继续"翻山越岭"，在学习和生活方面保持优异的表现。

机械工程学院教授 孙东科